线装国学经典

三十六计

第二册

李楠 编译

第三十计 反客为主[1]

【原文】

乘隙插足，扼其主机。渐之进也[2]。

【注释】

①反客为主：客人反过来变成主人。指变被动地位为主动地位。

②渐之进也：《易经·渐卦》：『象曰：渐之进也，女妇吉也。』意思是说：渐渐地向前走，就像女子出嫁那样循序渐进，不要操之过急。

【译文】

一有漏洞就乘机把脚插进去，控制它的主要机关。此事应该循序渐进。

【按语】

为人驱使者为奴，为人尊处者为客；不能立足者为暂客，能立足者为久客；客久而不能主事者为贱客；能主事则可渐握机要，而为主矣。故反客为主之局，第一步须争客位，第二步须乘隙，第三步须插足，第四步须握机，第五步乃成为主。为主，则并人之军矣。此渐进之阴谋也。

如李渊书尊李密[1]，密卒以败。汉高祖势未敌项羽之先[2]，卑事项羽，使其见信，而渐以侵其势。至垓[3]下一役，一举亡之。

【注释】

①李渊、李密：原都是隋朝将官，后反叛起兵。起初李密依据瓦岗寨，声势浩大，李渊依据晋阳（今太原），

便写信尊奉李密为主，趁机进据关中。后来势力强大，便灭了李密，建立了唐朝，即唐高祖。

②汉高祖：刘邦。与项羽皆为秦末农民起义军领袖。项羽即西楚霸王。

③垓下：地名，在今安徽省灵璧县东南。公元前202年，刘邦之部将韩信曾围攻项羽于此处，四面楚歌，项羽大败。

【译文】

受人差遣的是奴隶，受人尊养的是客人；不能站稳脚跟的是暂时的客人，能站稳脚跟的是长久的客人；长久当客人而不能主管事情的，是卑贱的客人；能主管事情就可以逐渐控制主要部门抓住大权而变成主人了。所以反客为主这盘棋的布局，第一步要争取客人的身份，第二步要会钻空子，第三步要插脚进去，第四步要控制主要部门，第五步就变成主帅了。做了主帅，也就兼并了他人的军队。这是循序渐进的阴谋。比如隋朝李渊写信推崇李密，后来便消灭了李密。汉高祖刘邦在兵力不能和项羽敌对时，恭敬谦卑地事奉项羽，取得项羽的信任，之后却慢慢削弱项羽的兵力。到垓下会战时，便一举消灭了项羽。

【传世典故】

反客为主原意是主人不善于招待客人，反受客人的招待，即主人的地位反被客人所取代。在军事上指利用某种机会或条件，兼并别人的力量，使对峙双方的地位发生变化，从而变被动为主动。

古人十分重视反客为主之计。《十一家注孙子》中说：『我先举兵，则我为客，彼为主；为客则食不足，为主则饱有余。若夺其蓄积，掠其田野，因粮于敌，馆谷于敌，则我反饱，彼反饥矣，则是变客为主也。』

循序渐进是实施此计的要诀。首先要安于客位，时刻寻找机会。其次要乘虚而入，将自己的势力逐渐向外渗透。最后一步是果断行动，变客位为主位。

袁绍与冀州牧韩馥是老朋友，他们曾共同讨伐董卓。话说一日袁绍屯兵河内，正在为缺少粮草发愁。忽然韩馥派人送来了粮草，袁绍很高兴。袁绍的谋士逢纪却说：『大丈夫纵横天下，为啥等人送粮草！冀州是粮仓，为啥不去夺取呢？』袁绍问：『你有啥良策？』逢纪说：『公孙瓒假借讨董卓之名，引燕代之兵进入冀州境内，准备袭杀冀州牧韩馥。将军可派人送信与公孙瓒，约好与他共同打冀州，公孙瓒必须发兵。而韩馥属无谋之辈，他必须请将军去保卫冀州，冀州便唾手可得。』

袁绍听了逢纪的计谋十分高兴，便给公孙瓒发了书信。公孙瓒见信，得知与袁绍共同攻打冀州，可平分其地，大喜，即日发兵。

同时，袁绍又派说客去冀州。说客见到韩馥后说：公孙瓒已是势不可挡，袁绍也是一时之豪杰，如果二人联合攻城，恐怕此城难保。而袁绍是您的旧友，不如您把城让与袁绍，既保住了性命，又得了让贤之名。韩馥素来胆小怕事，便不顾部下反对，同意袁绍进冀州。

袁绍领兵是以客人的身份进入冀州的，但他逐渐任用自己的部下田丰、诅援、许攸、逢纪主管冀州之事，反客为主，尽夺韩馥之权。直到这时，韩馥才懊悔不及。他扔下一家老小，骑着一匹马，投奔陈留太守张邈去了。

【用计锦囊】

反客为主用在军事上，是指在战争中要努力变被动为主动，争取掌握战争主动权的谋略。尽量想办法钻空子，插脚进去，控制它的首脑机关或者要害部位，抓住有利时机，兼并或者控制他人。古人使用本计，多是对于盟友的。往往是借援助盟军的机会，先站稳脚跟，然后步步为营，取而代之。

在军事上，一般说来，深入敌国作战为『客』，在本土防御为『主』。『反客为主』，就是寻找敌人防御的漏洞，乘机插入敌方腹地攻其要害，控制敌方指挥系统，由『客』变为『主』。

本计包含以下三种含义：

一、喧宾夺主。喧宾夺主的原意是大声说话的客人抢占了主人的位置。后用来比喻外来的占据了原有的事物的位置。这种含义就是在对方有机可乘的时候，先插进一只脚，然后慢慢地用力把对方挤出去，自己取而代之，成为其主人。这种方法除了用来对付敌人，也常用来兼并盟军。一般是借着援助盟军的机会，打入盟军的内部，待站稳脚跟后，再步步为营，逐渐地支配和控制盟军，最后稳步顺手把大权夺过来。偷梁换柱中也有兼并盟友的含义，但使用的是偷换其主力的方法，而本计所使用的则是逐步蚕食的方法。

二、先发制人。在自己处于被动或弱小的情况下，便积极采取首先发动进攻的方法来争取主动，制服对方。在军事上，一般情况都是『先发制人，后发制于人』，只有先下手，压制住对手，才能变被动为主动。所谓『恶人先告状』中的恶人本来应是被告，他为了摆脱这种被动局面，采取首先告状的方法，使自己一下子由被告的不利地位转为原告的地位。这样就迫使原来的原告急于为自己辩白，而无暇再来对恶人诉讼。这就是先发制人的效果。如果我们把这句话换成『弱人先进攻』的话，也同样有这样的效果。

三、转攻为守。一般地说，首先发动进攻，深入对方阵前挑战的被称为『客』；而在自己的阵地上进行防御的则称为『主』。为『客』的远道而来，不仅会因长途跋涉而疲劳不堪，还会因远离根据地而供应困难。而被称为『主』的一方因为以逸待劳，则『饱有余』。如果我们原来是『客』方，为了改变这种不利的局面，就要变客为主。其方法是挑动敌人来向我进攻，而我们则转攻为守。这样一来，既达到了同敌人交战的目的，又将有利的条件留给我们自己，将不利的条件转给了对方。另外，我们反客为主，转攻为守，具有选择地利的主动权，又增加了战胜敌人的有利因素。

对付反客为主之计应注意采用如下防范对策：

一、可乘之机不露。就是不向对方暴露可能被利用的空隙。反客为主的突破口就是『乘隙插足』。客方之所以能插进足来，主要是因为我们为其提供了可钻的空子，也就是可利用的条件。所以要不使客方插足，就不应暴露可乘之机。那么怎样才能让人无隙可乘呢？首先做事要小心谨慎，防患于未然，或者在出现某些问题时，也能及时发现，及时弥补。其次就是有了问题也要善于掩盖隐蔽，不使客方轻易发现，要做到『家丑不可外扬』。只要漏洞不被发现，对方也就无法利用了。

二、不速之客不留。那些不经邀请而自己闯进门来的所谓『客人』，大多都怀有不可告人的目的，他们为了能争得客位，常常不择手段，什么样的招数都能使得出来，而我们很容易被其迷惑，将他们认作朋友，热情加以款待久而不去，使之在家里由『暂客』变为『常客』，有了立足之地。或虽有所察觉，但碍于情面，不好意思下逐客令。这样将不速之客留下的做法，无异于引狼入室。

三、机要大权不让。如果对方已经插足进来，成为常客，就必然要有『主事』『握机』的要求，这时我们绝不能对其轻易相信，过分信任，不能随便地将机要大权相托，更不可相让。机要大权一旦落入人手，紧接着的就是被人取代。

四、再用反客为主。自己一旦被人用反客为主之计所取代，不要自暴自弃，任其所为，而要重整旗鼓，准备东山再起。重新夺回主人之位的办法很多，其中之一就是再次使用反客为主之计，因为对方由客位转为主位，还不一定完全懂得为主之道，所以我们乘机夺回主位是很有可能的。

第六章　败战计精注全译

第三十一计　美人计

【原文】

兵强者，攻其将；将智者，伐其情。将弱兵颓①，其势自萎②。利用御寇，顺相保也③。

【注释】

①颓：萎靡不振，衰败。

②萎：萎缩。

③利用御寇，顺相保也：见《易经·渐卦》：『象曰：利用御寇，顺相保也。』意思是：利用控制敌人，顺利地保护自己。

【译文】

对付兵力强大的敌人，就要制服他们的将帅；将帅都是足智多谋的，就打击他的斗志。将帅斗志衰退，军士意志消沉，敌人的气势就自行萎缩。按照渐卦的原则：要利用敌人的弱点来控制敌人，顺利地保护自己。

【按语】

兵强将智，不可以敌，势必事之。事之以土地，以增其势，如六国之事秦①：策之最下者也。事之以币帛，以增其富，如宋之事辽金②，策之下者也。惟事之以美人，以佚③其志，以弱其体，以增其下之怨，如勾践④以西施重宝取悦吴王夫差，乃可转败为胜。

【注释】

①六国之事秦：六国，战国时齐、楚、燕、韩、赵、魏六个大诸侯国，合秦则为战国七雄。事，事奉，尊崇。

②宋之事辽金：宋，北宋、南宋；辽、金是与宋朝同时并存的北方强国，分别通过战争威胁，而与北宋、南宋朝廷订立盟约，获得大量金银财帛、茶叶等，成为宋朝人民的一项沉重负担。

③佚：使之佚，消磨。

④勾践：春秋时越王勾践，他被吴王夫差打败后，自己甘愿为吴王奴役，还输送了美女西施迷惑吴王，卧薪尝胆，终于灭了吴王，报仇雪恨。

【译文】

对于兵力强大而将帅英明有智谋的部队，就不可以去和它对抗，只能顺应形势而服从他们。用割地去侍奉他们，从而增强他们的实力，像战国时六国侍奉秦国那样，这是最下等的策略；用金钱布匹去侍奉他们，从而增加他们的财富，像宋朝侍奉辽、金国那样，这是下等的策略；只有用美女去侍奉他，从而消磨他的志气，削弱他的体质，增加他部下对他的怨恨，像勾践用美女西施和名贵珠宝取得吴王夫差的高兴，那样就可以转败为胜。

【传世典故】

美人计出自《韩非子·内储说下》：『遗人……女乐二人，以荣其意而乱其政。』说的是公元前68年，晋献公派兵攻打虢国，而虞国是必经之道，晋军欲向虞国借路伐虢，怕虞君不肯，晋献公采纳大夫荀息的建议，把晋国屈地出产的良马和垂棘出产的美玉及女乐一人送给虞君。虞君生性贪婪，不顾宫之奇的反对，同意借道给晋国。晋国灭掉虢国，回师途中，轻而易举地灭掉虢国，捉住了虞君。『假道伐虢』是三十六计的第二十四计，但这一计是在美人计的成功基础上实施的。《六韬·文伐》中说，对于直接用武力不能征服的敌国，应『养其乱臣以迷之，进美女、淫声以惑之……』，就是说的美人计。

本计的特点是，用美色或其他财物诱惑敌人，尤其是敌方的将帅，消磨其斗志，分裂其核心，使其部队丧失战斗力，从而乘机取胜。

春秋时吴越之战，勾践先败于夫差。吴王夫差罚勾践夫妇在吴王宫里服劳役，借以羞辱他。越王勾践在吴王夫差面前卑躬屈膝，百般逢迎，骗取了夫差的信任，终于放他回到越国。后来越国趁火打劫，终于消灭了吴国，逼得夫差拔剑自刎。

那所趁之『火』是怎样烧起来的呢？原来勾践成功地使用了『美人计』。

勾践被释回越国之后，卧薪尝胆，不忘雪耻。吴国强大，靠武力，越国不能取胜。越大夫文种向他献上一计：『高飞之鸟，死于美食；深泉之鱼，死于芳饵。要想复国雪耻，应投其所好，衰其斗志，这样，可置夫差于死地。』于是夫差挑选了两名绝代佳人西施、郑旦，送给夫差，并年年向吴王进献珍奇珠宝。夫差认为勾践已对他臣服，所以一点也不加怀疑。夫差整日与美人饮酒作乐，连大臣伍子胥的劝谏也完全听不进去。后来，吴国进攻齐国，勾践还出兵帮助吴王伐齐，借以表示忠心，麻痹夫差。吴国打胜之后，勾践还亲自到吴国祝贺。

夫差贪恋女色，一天比一天厉害，根本不想过问政事。伍子胥力谏无效，反被逼自尽。勾践看在眼里，喜在心中。公元前482年，吴国大旱，勾践乘夫差北上会盟之时，突出奇兵伐吴，吴国终于被越所灭，夫差也只能一死了之。

【用计锦囊】

在对方兵力比较强大的情况下，为了保存自己扭转局势，避免因错误的行为而增强对方的力量，扩大对方的势力，便利用女色或其所宠信的人、所贪爱的物来顺应其意，消磨其志，涣散其心，从而从心理上首先挫败敌方的主帅，以达到彻底战胜它的目的。这是一种以柔胜刚的损敌之法。

本计有如下三层含义：

一、夺心伐情。就是首先要从心理上对敌人进行干扰和打击，从意志上对敌人进行瓦解和摧毁。双方交战，除了依靠各自的实力，主要的就是勇气和意志的较量。一支军队，无论其实力多么强大，如果丧失了勇气和意志，那么它肯定不会取胜。所以兵家们都主张首先要进行心理战，这就是所谓的『用兵之道，攻心为上』的原则。尤其是在自己的实力不如对方的情况下，夺心伐情的谋略就显得更为重要，因为只有这样，才能有效地保存实力，变弱为强，转败为胜。

二、以柔克刚。即用柔和的办法来制服刚强的敌人。就是用软的来制服硬的。也叫作以柔弱胜刚强。根据古代的五行相生相克的理论可知，强的可以『克制』弱的，反过来弱的也可以战胜强的，这里具有一种辩证的关系。如果我们是强者，就可以用强硬的办法来制服弱小的敌人；如果我们是弱者，就应该用柔和的办法来制服刚强的敌人。假如这时以硬对硬，以刚对刚，我们会因力所不及而吃亏。以柔克刚并不是消极地甘拜下风，只是斗争形式的变换而已。

三、糖衣炮弹。炮弹是致人死命的杀人凶器，糖衣是包裹着炮弹的，用糖做成的外壳。就是给杀人的目的和手段套上一层甜蜜而美丽的外衣，使人因被迷惑而乐于接受，并在不知不觉或者幸福愉快中被人所制。这种情况很近乎『安乐死』。糖衣炮弹不带火药味，但它的威力很强，可以从根本上击倒敌人，又因其特殊的形式常常为对方所积极主动地接受，很容易成功。作为以和平方式击败敌人的一种手段，常常被人们所使用。

运用美人计有以下几种策略：

一、投其所好。美人计中所用的『美人』，只有被对方接受的时候，才能产生威力，也就是『美人』只是外因，它必须通过内因才能起作用。如果对方不接受，『美人』又不具有强攻的能力，就只能自作多情地『单相思』了。要使对方这个内因起作用，关键的一条就是要投其所好。人的嗜好是不一样的，所谓的『穿衣戴帽各好一套』。只有用他所喜欢的东西才能打动他的心。那么对方到底喜欢什么，我们事先必须研究清楚，然后不拘一物有针对性地选择武器，才能百发百中。

二、巧设机谋。美人能否为对方所接受，还要看我们所侍奉的方式。如果方式巧妙，一切都做得顺理成章，天衣无缝，敌人就不会产生疑惑，便可放心大胆地接受过来。古往今来一切施用美人之计的无不在如何奉送的这一环节上巧设计谋。例如，如何勾引？如何迷惑？如何取悦？如何控制？等等，无一不需要精心设计，认真导演。

三、伐情损敌。美人是一种阴柔之物，它主要是用来在敌人心理方面发动进攻的一种武器。它是通过『伐情』来损敌的，也就是消磨敌之意志，挫败敌之锐气。如果我们将其当作长枪大炮来用，无异于投孤羊入狼群，是舍其所长，用其所短。

四、相机取事。美人计一般是作为达到最终目的的辅助手段，它的主要目标是摧毁精神壁垒。但它们达不到彻底歼灭敌人的目的，要想达到彻底歼灭敌人的目的，常常还要进行武力决战。所以在施用美人计的时候，要积极创造或寻找时机发动武力进攻。正像越王勾践送美女西施给吴王夫差，虽能弱其国，但不能灭其国。最后还是乘吴王北上，国内大旱的时候，发兵袭吴，打败夫差。

防范美人计，应注意采取以下对策：

一、拒之门外。『礼下于人，必有所求。』如果有人在不欠我们人情的情况下，突然主动地送『美人』上门，我们就要认真分析在这『美人』之后是否有阴谋。如果发现有可疑之处，就应立即警觉起来，并对『美人』的用途加以分析：假如『美人』对壮大我们的实力是不可缺的，我们不妨先收下来，但要严加防范；假如『美人』对我们并非至关重要的话，就要毫不犹豫地坚决拒之门外，以防其挤进门来施展妖法，难以降服。在已掌握了一定的证据时，也可当场拆穿敌人的阴谋，将其『画皮』内包着的『魔鬼』暴露于光天化日之下，使之无容身之处。

二、心城志坚。俗话说：『篱笆不开，野狗难进来。』因此，首先要栅好自己意志上的篱笆，如果『心猿不定，意马四驰』，自己难以控制自己，只要一点香饵就可引你上钩；如果心诚志坚，不贪声色，思想上筑起一道钢铁的壁垒，无论何种糖衣炮弹，都不可摇撼。所以防范美人计的最根本方法就是修炼自己的思想和意志。所谓『英雄难过美人关』中的『英雄』，其实都是一些意志薄弱者，称不得什么英雄。应该说『过关方可称英雄』。事实上，古往今来的一些英雄人物，在金钱美女面前，只因一念之差，而毁了一世功名。这绝不是『美人』的武器太锐，实在是自己的防线不坚。

三、反间之计。如果敌人用美人计来刺探我们的重要情报，我们可用反间计来加以利用。《孙子兵法·用间篇》中说：『反间者，因其敌间而用之。』意思是所谓的反间，是指收买或利用敌方派来的间谍为我效力。人是有感情的，美人也不是冷血动物，如果我们能晓之以理，动之以情，进行收买和感化，或者是顺势来个『美男』之计迷惑她，那么敌人所派来的『美人』就可能反被我们所利用。敌人送来的如果是物而不是人，我们也可以装作已被收买，而暗中行反间之计。

第三十二计　空城计

【原文】

虚者虚之，疑中生疑。刚柔之际①，奇而复奇。

【注释】

①刚柔之际：《易经·解卦》：『象曰：刚柔之际，义无咎也。』意思是说：在既刚又柔，非刚非柔，刚柔混杂的情况下，往往不会受到大的伤害。即情况不甚明了，虚虚实实，使敌人摸不清情况，不敢贸然进犯。

【译文】

兵力空虚的，再故意显示出虚弱的样子，使敌人疑惑不定，摸不清你到底是强还是弱，因而不敢贸然行动。这是一种更加奇妙的计谋。

【按语】

虚虚实实，兵无常势①。虚而示虚，诸葛而后，不乏其人。

如吐蕃②陷瓜州，王君焕③死，河西恟惧④。以张守珪⑤为瓜州刺史，领余众，方复筑州城。版干⑥裁立，敌又暴至，略无守御之具。城中相顾失色，莫有斗志。守珪曰：『彼众我寡，又疮痍⑦之后，不可以矢石相持，须以权道制之。』乃于城上，置酒作乐，以会将士。敌疑城中有备，不敢攻而退。

又如齐祖珽⑧为北徐州刺史。至州，会有陈寇⑨，百姓多反。珽不关城门，守陴者皆令下城，静坐街巷，禁断行人鸡犬。贼无所见闻，不测所以，或疑人走城空，不设警备。珽复令大叫，鼓噪聒天，贼大惊，登时走散。

【注释】

①兵无常势：见《孙子·虚实篇》：『水因地而制流，兵因敌而制胜。故兵无常势，水无常形。』即军队没有固定不变的状态。

②吐蕃：唐时生活在青藏高原一带的少数民族，建立了自己的国家，曾称雄一方。

③王君焕：唐将，字威明。开元中为河西陇右节度使，因为击破吐蕃有功，升任大将军。后吐蕃攻陷瓜州，回纥等部叛变，君焕战死。

④河西恟惧：河西，唐代方镇，治所在今甘肃武威，管辖的地方相当于今甘肃省河西走廊。恟惧，恐惧，恐惧不安。

⑤张守珪：唐将，开元中为瓜州刺史。

⑥版干：夹板；干，筑墙夹板两头所立的木桩。古时筑墙，两个板子相夹，当中放土，用杵舂打实。

⑦疮痍：伤病，疾痍。指战争创伤。

⑧祖珽：北齐范阳人，字孝征，曾任北徐州刺史。北徐州：北齐设置，治所在今安徽凤阳东北。

⑨陈寇：陈，指南朝的陈国；寇，指进攻、入寇。

【译文】

实实虚虚，虚虚实实，用兵没有固定的方式。空虚时有意显示空虚，这种方法自诸葛亮以后，运用的人并不少。

如公元727年，吐蕃人攻陷了瓜州（今甘肃省瓜州县），唐朝守将王君焕战死，河西地区的百姓非常恐慌。朝廷又派张守珪做瓜州刺史，他到任后立即带领没有逃走的军民修筑城墙。刚安置了木桩大板在打墙，吐蕃人又突然来袭击。大家没有一点防御工具，城里人你看我，我看你，惊慌失色，毫无斗志。守珪说：『敌众我寡，我们又刚遭受过战争的创伤，不能用利箭、石块和他们相对敌，必须用谋略去战胜他们。』于是他命令在城上摆好酒席，和将士们饮酒作乐。吐蕃人怀疑城内有了准备，不敢进攻，撤兵而去。

又如公元573年，北齐祖珽做北徐州刺史，刚到任时，就碰上南陈大举入侵，当地老百姓很多人参与暴乱。祖珽命令不要关闭城门，让守城的士兵全从城墙下来静静地坐在街巷里，禁止行人通行，连鸡犬也不能乱叫。南陈军队什么也看不到，听不到，不知道是什么缘故，有人还怀疑人都跑了，是座空城，无人防守。这时祖珽又命令士兵突然高声大叫，喊杀声震天动地。南陈军队大吃一惊，顿时逃散了。

【传世典故】

春秋时期，楚国的令尹（宰相）公子元，在他哥哥楚文王死了之后，非常想占有漂亮的嫂子文夫人。他用各种方法去讨好，文夫人却无动于衷。于是他想建立功业，显显自己的能耐，以此讨得文夫人的欢心。

公元前666年，公子元亲率兵车六百乘，浩浩荡荡，攻打郑国。楚国大军一路连下几城，直逼郑国国都。郑国国力较弱，都城内更是兵力空虚，无法抵挡楚军的进犯。

郑国危在旦夕，群臣慌乱，有的主张纳款请和，有的主张拼死一战，有的主张固守待援。这几种主张都难解国之危。上卿叔詹说：『请和与决战都非上策。固守待援，倒是可取的方案。郑国和齐国订有盟约，而今有难，齐国会出兵相助。只是空谈固守，恐怕也难守住。公子元伐郑，实际上是想邀功图名，讨好文夫人。他一定急于求成，又特别害怕失败。我有一计，可退楚军。』

郑国按步詹的计策，在城内做了安排。命令士兵全部埋伏起来，不让敌人看见一兵一卒。令店铺照常开门，百姓往来如常，不准露一丝慌乱之色。大开城门，放下吊桥，摆出完全不设防的样子。

楚军先锋到达郑国都城城下，见此情景，心里起了怀疑，莫非城中有了埋伏，诱我中计？不敢妄动，等待公子元。公子元赶到城下，也觉得好生奇怪。他率众将到城外高地瞭望，见城中确实空虚，但又隐隐约约看到了郑国的旌旗甲士。公子元认为其中有诈，不可贸然进攻，先进城探听虚实，于是按兵不动。

这时，齐国接到郑国的求援信，已联合鲁、宋两国发兵救郑。公子元闻报，知道三国兵到，楚军定不能胜。好在也打了几个胜仗，还是赶快撤退为妙。他害怕撤退时郑国军队会出城追击，于是下令全军连夜撤走，人衔枚，马裹蹄，不出一点声响。所有营寨都不拆走，旌旗照旧飘扬。

第二天清晨，叔詹登城一望，说道：『楚军已经撤走。』众人见敌营旌旗招展，不信已经撤军。叔詹说：『如果营中有人，怎会有这样多的飞鸟盘旋上下呢？他也用空城计欺骗了我，急忙撤兵了。』

这就是中国历史上第一个使用空城计的战例。

【用计锦囊】

在敌强我弱，形势突然紧急，间不容发的情况下，为了使敌人的攻势停止或落空，以争取寻找机会的时间，便把本来空虚的实力，故意公开地用更加空虚的形式表现出来，使人对这种夸大了的公开情况发生怀疑，并做出相反的判断，因而不敢贸然采取行动。这是一种疑敌缓兵的心理战谋略。

空城计的诀窍是：实力空虚再显示空虚而没有防守，使敌人疑上加疑，在敌众我寡的紧急关头大胆运用这种策略，更显得奇之又奇，无从揣测。古人用兵，讲究的是『虚者实之，实者虚之』的逆反用计，空城计却打破了以往兵家的常规用计格局，以『虚者虚之』的反常递增设计，使虚虚实实变幻无穷，不再有固定模式。

本计包含两个含义：

一、虚而虚之。本来是空虚的，都要显现出更加空虚的样子来。例如，设防不严的，便把仅有的防御也隐藏起来，故意显现出没有设防的样子，实力比较弱小时，就连这仅有的一点力量也收起不用，而显现出无所作为的样子，在仓促之中本来来不及做充分的准备，索性做出毫无准备的样子，甚至故意对此事不闻不问。『虚而虚之』的目的是使敌人『疑中生疑』。一般地说双方交战，总是要互相隐瞒真实情况，所谓『兵不厌诈』，即使遇到正常情况，也要反复地进行分析研究，不能完全凭自己的直觉，随便做出判断。

这种不轻易相信对方的做法即为『疑』。在遇到反常用兵的情况时，除了要进行正面的分析，还要进行反面的分析，这就是所谓的『疑中生疑』，便会使之狐疑不决，甚至惊恐万端。

二、实而虚之。本来是实的，却故意装作虚使敌人误以我为虚。例如，我们本来实力比较强大，但是要千方百计地把这些力量隐蔽起来，而故意表现出弱小的样子；本来准备非常充分，却要在某些关键部分露出破绽，故意给敌人留出可乘之机。为什么要实而示虚呢？主要有两个目的：一是为了诱敌深入。在我方兵力强大，并已设好埋伏的情况下，就希望敌人能够进到我们的包围圈内，如果这时我们不表现出弱小可欺的样子，敌人就必然惧而远之，只有让敌人觉得在我们身上有利可图时，才有可能被引诱过来。二是韬晦之计。为了更大或者是更远的目的，暂时隐蔽起自己的实力和锋芒。这种暂时的隐藏是为了等待时机，积蓄力量，一旦时机成熟，就会发动突然进攻，使对方措手不及，防不胜防。

防范空城计，可采取如下对策：

一、要全面分析。如果敌人对我们『示之以虚』，我们在判断其真正虚实的时候要进行全面的分析，而不能只限于眼前的一点信息。主观片面地下结论。所谓的『全面分析』，就是既要从时间上进行纵向分析，又要从空间上进行横向分析；既要根据各种情况分析其绝对力量，又要根据敌我的对比分析其相对力量。例如：我们通过分析敌人以前的实力情况，以及后来的力量变化，就可能推断出现在的实力的基本情况。又如敌人所守的是一座孤城，四外又是空旷的原野，不可能埋伏军队，这样就可根据该城的大小，判断出其最多所能埋伏的军队。如果敌人在城内即使有埋伏，其数量也有限，而我们仍明显处于优势的话，就不必为他的空城计而犹豫，否则就要小心从事。

二、要反复试探。如果觉得分析结果不可靠的话，可以用打草惊蛇之法进行试探，所谓的『角之而知有余不足之处』，就是进行战斗侦察，以求探明敌人兵力部署的虚实强弱。这种试探最好反复进行几次才好，因为一次两次敌人可能伪装得很像，不会露出破绽，但绝对经受不住多次的来自各个方面的试探。如果敌人对我们的试探一直不做任何反应，就说明他们已发现了我们的意图，我们可以将计就计，看准部位和机会，来一个『无中生有』，使之措手不及，这时敌人即使是『实而虚之』，也抵挡不了这突如其来的打击。

三、要耐心等候。经反复试探之后，仍不能做出判断的话，可以采用在『空城』之外，耐心等候，静观变化的方法来探其虚实。凡采用『虚而虚之』计谋的人，因自身的力量弱，所以在心理上也是『虚』的，他时时刻刻都承受着强大的心理压力。无论是自身的实力，还是心理上的压力，都决定了敌人伪装不可能持久，时间长自己就会把弱点暴露出来。所以只要我们在『城外』将其困住，不去主动直接攻城，在这种不攻也不撤的相持状态下，不论是虚是实，敌人都会自己暴露出来。

四、要调虎离山。『空城计』主要是通过隐蔽来达到欺骗的效果，而隐蔽又主要靠『城』这个必要条件，所以要破解敌人的『空城计』，就要把敌人与其所据守之『城』分离开来。当然这里的『城』不是实指『城堡』之城，凡是可起这种作用的条件都可称之为『城』。将敌人与其『城』分离开来的最好办法就是『调虎离山』之计，一旦敌人失去『城』这个特殊的环境与条件，他的虚实也就完全暴露于光天化日之下，另外，即使敌人是『真虎』，在使其离山之后，也容易擒拿了。不过设『空城计』的『虎』，是很不容易调其『离山』的，所以要巧设机关。

第三十三计　反间计[1]

【原文】

疑中之疑。比之自内，不自失也[2]。

【注释】

①反间计：见《孙子·用间篇》：『反间者，因其间而用之。』杜牧曰：『敌有间来窥我，我必先知之。或厚赂诱之，反为我用；或佯为不觉，示之以伪情而纵之。则敌人之间，反为我用也。』这种运用敌人的间谍而达到自己目的的计策，叫作反间计。

②比之自内，不自失也：《易经·比卦》：『象曰：比之自内，不自失也。』意思是：来自内部的帮助，自己没有什么损失。比，依附，辅助。运用在此计中，有推动敌人生疑之意。

【译文】

在疑阵中再布置一层疑阵。利用敌人的间谍来为我服务，这样自己就不会受损失。

【按语】

间者，使敌自相疑忌也；反间者，因敌之间而间之也。

如燕昭王薨，惠王①自为太子时，不快于乐毅。田单乃纵反间曰：『乐毅与燕王有隙，畏诛，欲连兵王齐。齐人未附，故且缓攻即墨②，以待其事。齐人唯恐他将来，即墨残矣。』惠王闻之，即使骑劫代将，毅遂奔赵。

又如周瑜利用曹操间谍，以间其将；陈平以金纵反间于楚军，间范增③，楚王疑而去之。亦疑中之疑之局也。

【注释】

①燕惠王：战国时燕昭王的儿子。燕昭王时，乐毅受重用，公元前284年率军为燕国复仇，大破齐国，先后攻取七十多城，只留即墨和莒两城未攻下。后昭王死，燕惠王即位，中齐即墨守将田单反间计，改调大夫骑劫为将。乐毅被迫奔逃赵国。田单用火牛阵反攻，燕军大败。

②即墨：地名，战国时齐国重镇。即今山东平度。

③陈平间范增：陈平，汉朝名臣，有智谋。范增，项羽谋士。楚汉相争时，陈平为除去范增，巧设反间计，离间项羽和范增的关系。范增离军而亡。

【译文】

间，就是使敌人互相猜疑、嫉恨；反间，就是诱使敌人的间谍去离间敌人。

例如战国时，燕昭王死后，因为燕惠王自从做太子时，就对大将乐毅不满。齐将田单便使用反间计，说：“乐毅和燕惠王有矛盾，害怕燕惠王杀他，想要联合齐国军队做齐国国王。只是因为齐国人还没有归顺他，所以他不急于攻打即墨，目的是等待时机成熟。现在齐国人只害怕燕国改派别的大将来，那么即墨就要失陷了。”燕惠王听后，立即改派骑劫去代替乐毅为统帅，乐毅只好逃到赵国去了。

又如三国时，周瑜利用曹操派来的间谍蒋干进行反间活动，使曹操怀疑他的大将蔡瑁、张允并杀了他们。汉王刘邦的谋士陈平，用金钱收买楚军将士，散布谣言，离间西楚霸王和军师范增的关系。项羽因此怀疑范增，从而使范增离开了项羽。这也是在疑阵中再布疑阵的计策。

【传世典故】

反间计，原文的大意是说：在疑阵中再布疑阵，使敌内部自生矛盾，我方就可万无一失。说得更通俗一些，就是巧妙地利用敌人的间谍反过来为我所用。在战争中，双方使用间谍，是十分常见的。《孙子兵法》就特别强调间谍的作用，认为将帅打仗必须事先了解敌方的情况。要准确掌握敌方的情况，不可靠鬼神，不可靠经验，『必取于人，知敌之情者也』。这里的『人』，就是间谍。《孙子兵法》专门有一篇《用间篇》，指出有五种间谍：利用敌方乡里的普通人做间谍，叫因间；收买敌方官吏做间谍，叫内间；收买或利用敌方派来的间谍为我所用，叫反间；故意制造和泄露假情况给敌方间谍，叫死间；派人去敌方侦察，再回来报告情况，叫生间。唐代杜牧解释反间计特别清楚，他说：『敌有间来窥我，我必先知之，或厚赂诱之，反为我用；或佯为不觉，示以伪情而纵之，则敌人之间，反为我用也。』

三国时期，赤壁大战前夕，周瑜巧用计杀了精通水战的叛将蔡瑁、张允，就是个有名的例子。

话说孙刘结盟，共同抗曹。虽然在兵力数量上孙刘两家合起来，还是大大少于曹操，但孙刘联军发挥善于水战的特长，在长江水域初战告捷，挫了曹军锐气。

曹操的北方军队本来不懂水战，为一军事上的短处，便令精通水战的荆州降将蔡瑁、张允在长江中建立水寨，训练水军。而张、蔡二人因久居荆州，深知水战奥妙。所以，这两个人也自然成为东吴的心腹之患。当时，在东吴主管军事的是周瑜。周瑜精通兵法，足智多谋。在曹操眼里，他是灭吴的一大障碍。一天，曹操派部下蒋干，利用与周瑜旧时的交情，以访友为名，前往长江对岸敌营，试图劝说周瑜投降，顺便刺探军情。

瑜正为蔡瑁、张允在提高曹军水战能力而犯愁，得知蒋干来访，立即识破来意，顿时计上心来。

在款待蒋干的宴席上，周瑜解下佩剑说道：『蒋兄是我的老同学、好朋友，我们今天只叙友情，不谈打仗，如果有谁敢谈论与交战有关的事，就用此剑杀了他。』这一来，也堵住了蒋干的嘴，只字不敢提劝降一事。大家只管尽情欢笑饮酒，周瑜也喝得醉意朦胧。

晚上，蒋干与周瑜同床共寝，蒋干翻来覆去睡不着，坐起身来，借着灯光看见案头上放着一封信，是蔡瑁、张允阴谋反曹、投降东吴的密信。蒋干回头看时，周瑜正醉酒沉睡，蒋干赶忙把信揣起来，连夜跑回荆州，把信交给曹操。

曹操看了蒋干带来的信，顿时火起，斩杀了蔡瑁、张允。随即，他又发现信是伪造的，他中了周瑜的反间计了，但为时已晚。杀了张允、蔡瑁之后，曹军中失去了熟知水战的得力战将，这也成了后来曹军赤壁大败的一个重要原因。

【用计锦囊】

在发现敌人派来进行刺探和破坏的间谍时，为了借机离间敌人，获得情报，可以利用优厚的待遇收买他，也可以假装没有发现，故意把假情报透露给他，这样敌人派来的间谍反为我所用，使我能在不受损失的情况下达到战胜敌人的目的。

本计有如下两种含义：

一、使用『反间』。就是要充分地利用『反间』来达到获取情报、扰乱敌人的目的。『反间者，因其敌间而用之』。意思是所谓的反间，是诱使敌方间谍为我军所利用。这是一种『以其人之道，还治其人之身』

的计谋。敌人派来的间谍是为了刺探我们的情报，是给我们设下的疑阵，我们用敌人设下的疑阵反过来再迷惑敌人，这就是用敌人自己的人来迷惑敌人自己，借敌人自己的手，来打敌人自己的嘴巴。敌人的间谍之所以有被我所利用的可能，就是因为很多间谍都是为敌人所给的钱财所驱使，谁给他钱，他就为谁卖命。如果间谍觉得我们所给的钱比敌人给的优厚，那么他就会转而为我们服务。所以收买敌人间谍的主要手段，就是『厚赂诱之』。

二、分化离间。就是在敌人之间挑拨是非，引起纠纷，制造隔阂，破坏敌人内部的团结，使之反目为仇。敌人内部如果团结一致，就会形成一股难以抵抗的力量，所谓『合则势张，合则力强』。相反，『兵不贵分，分则力寡』（《投笔肤谈·家计》）。『我专为一，敌分为十，是以十攻其一也，则我众而敌寡；能以众击寡者，则吾之所与战者约矣。』（《孙子兵法·虚实篇》）意思是我军兵力集中在一处，敌人兵力分散在十处，这就是用十倍于敌的兵力去攻击敌人，这样我军就占了优势，敌人就转为劣势。能够集中优势兵力攻击处在劣势分散的敌人，那么同我军当面作战的敌人就少得多了。这里十分具体地阐述了敌分我专的好处。那么怎样才能做到这一点呢？一个办法就是『形人而我无形』，另一个办法就是分化离间。形人之法是在空间上把敌人分散开来，但敌人仍是一个整体，还会互相救助。而分化离间是从心理上，即从根本上把敌人分散开来，这时无论是哪部分遇到危难，其他部分都只能袖手旁观，甚至幸灾乐祸。所以分化离间是一种彻底的分敌之法。

防范反间计应注意采取如下对策：

一、信息要封锁。凡属重要信息，特别是关键时刻的重要信息，绝对不能随便泄露出去，对所有的无关人员都要严加封锁，特别是有可能接触对方人员的间谍更应该这样，不应该让其知道的不让其知道，不应该让其看见的东西不让其看见，不应该让其参与的事情不让其参与。这样即使我方的间谍被敌所收买利用，他也无法取得我方的重要情报。所谓的『三军之事，莫亲于间』，是指在军队的交往关系中，没有比对间谍更亲密的了。但这并不等于说什么样的信息都应该让他知道，必要的时候还要『愚士卒之耳目，使之无知』，借此来防万一。

二、间谍要可靠。凡我们派出的间谍，要进行全面审查，不但要求其具有做间谍的基本能力，更要有坚定的立场。要『威武不能屈，富贵不能淫』，要能经得住各种考验，不然，我们派出的人，又反过来刺探我们，那是十分可悲的事情。除了派出之前要考察，在以后的活动中也要不断进行考察，发现疑点要停止使用，在这样的问题上，还是谨慎一点为好，所谓的『用人不疑，疑人不用』与这里所讲的『慎用』是不同的。

三、情报要推敲。尽管我们派出的间谍不被收买，他所获取的情报也不一定就是很可靠的。因为他很有可能被暗中间接地当成反间，也就是说对方虽已发现我方的间谍，但其假装不知，故意向我们的间谍透露虚假的情报，而我们的间谍却不知道这些，高高兴兴地把假情报当作真情报带回来。一旦我们相信并利用了这些假情报，就正好中了对方的阴谋诡计。所以对间谍带回来的情报一定要反复推敲，在推敲验证的时候，绝对不能以『自己认为应该如此』来推断，更不能以『这样对我较为有利』来选择。宁可想得坏一点，多做些防备，也不可想得好一些而到时束手无策。

四、多间相印证。同一事或同一地，可以多方位地派出若干间谍，让他们从不同的侧面获取情报，这样我们不但可以得到主体的信息，同时各方面的信息也可互相印证。这样，有人叛变，我们马上就可以发现，有虚假的情报我们马上就可核实，一个间谍出了问题，其余的立即就可拟补，所以同时派出若干间谍，是防范反间的有效办法之一。

第三十四计　苦肉计

【原文】

人不自害，受害必真。假真真假，间以得行。童蒙之吉，顺以巽也①。

【注释】

①童蒙之吉，顺以巽也：《易经·蒙卦》：『象曰：童蒙之吉，顺以巽也。』意思是：愚昧的儿童虚心顺从老师的教诲，是吉祥的。运用在此计中，指要善于顺从敌人的心意行使计谋，就会成功。

【译文】

人不会自己伤害自己，遭受伤害必然是真实情况。我们有意识创造一种真实情况，使敌方信以为真，离间计就可以实施了。按照蒙卦的启示，要善于顺从敌人的心意行使计谋，必然成功。

【按语】

间者，使敌人相疑也；反间者，因敌人之疑，而实其疑也。苦肉计者，盖假作自间以间人也。凡遣与己有隙者以诱敌人，约为响应，或约为共力者，皆苦肉计之类也。如郑武公伐胡①，而先以女妻胡君，并戮关其思。韩信下齐而郦生遭烹②。

【注释】

①郑武公：春秋时郑国的一位国君。胡，当时的边地胡人。关其思，主张伐胡的郑大夫。

②韩信：西汉大将军。楚汉相争时，率大军征伐齐国。郦生，即说客郦食其。刘邦曾先派郦食其入齐劝齐王田广投降，齐王便撤掉城防，韩信趁机攻击，齐王便威胁郦食其阻止韩信出兵，郦食其不从，齐王便烹杀了他。

韩信一举攻取齐国。

【译文】

离间，就是使敌人互相猜疑；反间，就是利用敌人原有的猜忌心理，而使他们的猜忌变成现实。行使苦肉计的，是假作自己内部有了分裂而去诱惑离间敌人。凡是派遣与自己有仇恨的人去迷惑敌人，不论是相约作为内应的，还是相约共同起事的，都属于苦肉计一类的计谋。如战国时，郑武公要讨伐胡国，却先把自己的女儿嫁给胡国国君，又杀了主张伐胡的大夫关其思。楚汉相争时，韩信进攻齐国，而郦食其却遭到烹杀。

【传世典故】

人们都不愿意伤害自己，如果说被别人伤害，这肯定是真的。己方如果以假当真，敌方肯定信而不疑。这样才能使苦肉之计得以成功。此计其实是一种特殊做法的离间计。运用此计，『自害』是真，『他害』是假，以真乱假。己方要造成内部矛盾激化的假象，再派人装作受到迫害，借机钻到敌人心脏中去进行间谍活动。

『苦肉计』是指故意伤害自己，以让敌人相信，使反间计得以成功的策略。

春秋战国时期，姬光利用专诸杀死了吴王僚，自立为吴王，这就是阖闾。吴王僚有个儿子叫庆忌，善走如飞，非常勇猛。父亲被杀，庆忌逃亡在外，寻找机会，收罗人马，准备报杀父之仇。阖闾为此忧心忡忡，想派人去行刺，可一时又没有合适的人选。

阖闾的大夫伍员终于找来了要离。阖闾一见，要离高不足五尺，腰大貌丑，大失所望。伍员介绍说：要离虽然其貌不扬，但机敏过人，且对吴王十分忠诚，是可以重用的。阖闾相信伍员的话，与要离密谈。阖闾问要离有何妙计刺杀庆忌。要离充满信心地说，庆忌正在招纳亡命之徒，为父报仇，我打算诈称是『罪臣』去投奔他，但为了使他相信我，请大王斩断我的右手，杀死我的家人，这样就能取得庆忌的信任，因而也就可以乘机行刺了。

阖闾起初不忍无故斩去要离的右手，也不忍杀死他的家人，但又看到要离的态度十分坚决，而且思之再三，觉得除此以外，别无良策，于是便同意了。

第二天，伍员与要离入朝，当着文武百官的面，保荐要离为将军，率军攻打楚国。阖闾闻奏，怒斥伍员：『你保荐的这人身矮力微，怎能带兵打仗？』要离当面顶撞阖闾：『大王真是太忘恩负义了，伍员为你安定了江山，你却不派军队替伍员报仇。』阖闾大怒，还命人把要离的右臂砍掉了，并将他押进大牢，拘留了他的妻子。伍员叹息而出，群臣一时也莫名其妙。过了几天，伍员悄悄叫人放松了对要离的监视，让要离趁『机』越狱跑了，阖闾便下令把要离的妻子斩首示众。

要离逃出以后，四处鸣冤叫屈。听说庆忌在卫国，便跑到卫国求见庆忌。庆忌疑他有诈，不肯收容，要离便脱掉衣服给庆忌看那只被斩断了的右臂。正当庆忌将信将疑之际，庆忌的心腹又来报告要离的妻子被斩的消息，庆忌这时便完全相信要离与阖闾确有深仇大恨了。

要离向庆忌表示自己与他一样有复仇的决心，并愿意充当向导。还说伯嚭是无谋之辈，不足为虑；伍员虽智勇双全，但他之所以帮助阖闾，目的是想借兵伐楚，以报父兄之仇。眼下，阖闾安于王位，从不提为伍员报仇的事，所以伍员与阖闾已有隔阂，只要庆忌报仇后肯为伍员报仇，伍员愿为内应。如此等等，一番话说得庆忌深信不疑，便立即派要离训练士卒，修治兵船。

三个月后，要离怂恿庆忌出兵，水陆并进，杀往吴国。庆忌与要离同乘一条船，驶到中流，要离趁庆忌到船头观看船队的机会，一戟刺在庆忌的心窝上。到这时，庆忌才明白，自己是中了要离的苦肉计，抱恨而死。要离杀死庆忌后，自己也饮剑自尽了。

【用计锦囊】

苦肉计是用自我伤害的办法取信于敌，以便进行间谍活动的一种计谋。『人不自害』是人们习惯的心理定式。苦肉计就是利用这一心理定式，造成受迫害的假象，以迷惑和欺骗敌人，或打入敌人内部，对敌人进行分化瓦解。

苦肉计的作用如下：

一、骗取信任。『恻隐之心，人皆有之。』如果把自己伤害得非常痛苦和可怜，就会博得对方的同情，取得对方的信任。

二、离间敌人。用自我伤害的办法打入敌人内部，暗中进行离间分化活动，达到出奇制胜的目的。

三、激励士卒。故意留出破绽，使敌人获得暂时或局部的胜利，以此激励士卒奋起反抗，决一死战。

这就是人们常说的『哀兵必胜』。

四、欲取先予。自己先做出一定牺牲，捞取资本后，便可获得更大的利益。

五、加害于人。暗中自害，并加以伪装，然后嫁祸于人，使别人因此受到惩罚。

使用本计一定要小心慎重。因为施行苦肉计，首先要进行自我伤害，有时这种自我伤害是非常痛苦的。即使成功了，胜利果实中也包含着血和泪。苦肉计不仅是一个『苦』计，而且是一个『险』计。如果敌人是铁石心肠或者多谋善断，就不易上钩。一旦此计被识破，不但自我伤害之苦要白白忍受，而且连性命也保不住。因此，在可用可不用之时，尽量不用本计。

防范苦肉计可采取如下对策：

一、僵蛇莫怜悯。怜悯之心人皆有之，但是并非对谁都可施之以怜悯。不要说对方是要通过自害来欺骗我们，就是真的受到些迫害，我们也应有防备，不然待到冻僵了的毒蛇被暖醒了之后，首先咬的就是用自己的体温救活了它的人。在一般情况下，我们一时很难分辨真假，此时，宁可把真当成假，也绝不把假当成真而错施怜悯。

二、受降如受敌。所谓的『受降如受敌』，意思是对前来投降的敌人，要像对前来交战的敌人一样谨慎。所以凡敌人前来投降时，一定要考察他们是真是假，要严加防备，不可怠慢疏忽，不然就会有中计失败的可能。

三、分析要全面。对那些以受迫害为名前来投降的人，我们要进行全面的分析，看其是真降还是诈降，所谓全面分析，就是既要分析敌人内部的情况，又要分析敌我力量的对比情况；既要分析敌人内部矛盾的原因和经过，也要分析敌人所受的伤害的部位、程度及伤害的特点；既要分析敌人来我方之后的各种语言行为，也要分析其在原来地方的一贯表现等，必要的时候要进行跟踪调查或是进行反复的考验。

四，利用不重用。对投降过来的人，如果对其真假一时把握不准，而其又有利用价值的时候，那么我们对他只可利用而不可重用。利用他为我们服务，这样可以变害为利，使敌人反为我所用；对投降过来的人，不予重用，则可使其很难找到可乘之机，破解其所施的苦肉之计。

第三十五计　连环计

【原文】

将多兵众，不可以敌，使其自累，以杀其势。在师中吉，承天宠也①。

【注释】

①在师中吉，承天宠也：《易经·师卦》：『象曰：在师中吉，承天宠也。』意思是：统帅若能持中不偏，没有差错，就受到天子的宠爱，吉祥。运用在此计中，指统帅若能正确运用此计，就会取得战争的胜利。如同得到天神的帮助一样。

【译文】

敌军的将领众多，兵力强大，不能够和他硬拼，应当想法使他们自相牵制，从而削弱他们的威力。将帅若能正确运用计谋，战胜敌人，就会如同得到天神帮助一样。

【按语】

庞统[1]使曹操战舰勾连，而后纵火焚之，使不得脱。则连环计者，其法在使敌自累，而后图之。盖一计累敌，一计攻敌，两计扣用，以摧强势也。如宋毕再遇[2]，尝引敌与战，且前且却，至于数四。视日已晚，乃以香料煮黑豆，布地上，复前搏战，佯败走。敌乘胜追逐，人马已饥，闻豆香，乃就食，鞭之不前。遇率师反攻，遂大胜。皆连环之计也。

【注释】

①庞统：三国时人，字士元，号凤雏。当时与诸葛亮齐名。后归刘备为谋士。赤壁之战时，却假装投奔曹操，为他设连环战舰之计，曹操中计，遭周瑜火攻，大败。

②毕再遇：南宋名将，字德卿，有勇有谋。

【译文】

三国时，庞统怂恿曹操把舰船用铁链勾连起来，而后周瑜却纵火焚烧，使舰船不能逃脱。可见连环计的方法就是先让敌人自相钳制，然后再谋取他们。一计钳制敌人一计攻击敌人，两计前后配合运用，用来摧毁强大的敌人的威胁。

再如宋代抗金名将毕再遇，曾经引诱敌人和他作战。他忽而前进，忽而后退，一连四次。看看天色已近黄昏，他便命令把用香料煮好的黑豆撒在阵地上，又上前挑战，并假装败退。敌人乘胜追击，但他们的战马已经饥饿，嗅到豆子的香味，立即觅食起来，用鞭子抽打也不肯走动。这时，毕再遇率领部队反攻，于是大获全胜。这些都是连环计的运用。

连环计，指多计并用，计计相连，环环相扣，一计累敌，一计攻敌，任何强敌，无攻不破。此计正文的意思是如果敌方力量强大，就不要硬拼，要用计使其自相钳制，借以削弱敌方的战斗力。巧妙地运用谋略，就如有天神相助。

此计的关键是要使敌人『自累』，就是指互相钳制，背上包袱，使其行动不自由。这样，就给围歼敌人创造了良好的条件。

【传世典故】

赤壁大战时，周瑜巧用反间，让曹操误杀了熟悉水战的蔡瑁、张允，又让庞统向曹操献上锁船之计，又用苦肉计让黄盖诈降。三计连环，打得曹操大败而逃。

东吴老将黄盖见曹操水寨船只一个挨一个，又无得力指挥，建议周瑜用火攻曹军，并主动提出，自己愿去诈降，趁曹操不备，放火烧船。周瑜说：『此计甚好，只是将军去诈降，曹贼肯定生疑。』黄盖说：『何不使用苦肉计？』周瑜说：『那样，将军会吃大苦。』黄盖说：『为了击败曹贼，我甘愿受苦。』

第二日，周瑜与众将在营中议事。黄盖当众顶撞周瑜，骂周瑜不识时务，并极力主张投降曹操。周瑜大怒，下令推出斩首。众将苦苦求情：『老将军功劳卓著，请免一死。』周瑜说：『死罪既免，活罪难逃。』命令重打一百军棍，打得黄盖鲜血淋漓。

黄盖私下派人送信给曹操，大骂周瑜，表示一定寻找机会前来降曹。曹操派人打听，黄盖确实受刑，现正在养伤。他将信将疑，于是，派蒋干再次过江察看虚实。

周瑜这次见了蒋干，指责他盗书逃跑，坏了东吴的大事。这次过江，又有什么打算？周瑜说：『莫怪我不念旧情，先请你住到西山，等我大破曹军之后再说。』把蒋干给软禁起来了。其实，周瑜想再次利用这个过于自作聪明的呆子，所以名为软禁，实际上又在诱他上钩。

一日，蒋干心中烦闷，在山间闲逛。忽然听到一间茅屋中传出琅琅书声。蒋干进屋一看，见一隐士正在读兵法，攀谈之后，知道此人是名士庞统。他说，周瑜年轻自负，难以容人，所以隐居在山里。蒋干果然又自作聪明，劝庞统投奔曹操，夸耀曹操最重视人才，先生此去，定得重用。庞统应允，并偷偷把蒋干引到江边僻静处，坐一小船，悄悄驶向曹营。

蒋干哪里会想到又中周瑜一计！原来庞统早与周瑜谋划，故意向曹操献锁船之计，让周瑜火攻之计更显神效。

曹操得了庞统，十分欢喜，言谈之中，很佩服庞统的学问。他们巡视了各营寨，曹操请庞统提提意见。庞统说：『北方兵士不习水战，在风浪中颠簸，肯定受不了，怎能与周瑜决战？』曹操问：『先生有何妙计？』庞统说：『曹军兵多船众，数倍于东吴，不愁不胜。为了克服北方兵士的弱点，何不将船连锁起来，平平稳稳，如在陆地之上。』曹操果然依计而行，将士们都十分满意。

一日，黄盖在快舰上满载油、柴、硫、硝等引火物资，遮得严严实实。他们按事先与曹操联系的信号，插上青牙旗，飞速渡江诈降。这日刮起东南风，正是周瑜他们选定的好日子。曹营官兵，见是黄盖投降的船只，并不防备，忽然间，黄盖的船上火势熊熊，直冲曹营。风助火势，火乘风威，曹营水寨的大船一个连着一个，想分也分不开，一齐着火，越烧越旺。周瑜早已准备快船，驶向曹营，直杀得曹操数十万人马一败涂地。曹操本人仓皇逃奔，捡了一条性命。

【用计锦囊】

『连环计』是指运用计谋，使敌人相互牵制，以削弱其军力，再予以攻击的策略。也就是先以计谋故布疑阵，混淆敌人的判断力，再以另一个计略予以攻击。如此计中生计，连续运用，以达到击灭敌人的目的。

一般地说，连环计不管是两计相扣也好，还是多个计谋相配合，其功能无非是两个：一个是让敌人自相钳制；一个是更有效、迅猛地攻击敌人。二者相辅相成，用兵就如得天神相助一样。

本计包含三种含义：

一、使敌自累。自累就是自相钳制，即自己内部互相之间都强力对对方加以限制，使各方都不能自由行动。使敌自累就是运用计谋，在敌人中间制造矛盾，并扩大或激化他们的矛盾，使其内部发生变乱，在内乱中产生内耗，进而削弱其力量，使敌自累的计谋有很多的优点：首先本计对我们来说省力安全。这就好像放炮，只需我们把导火线点着，炮弹自己就会发生各种反应而炸开来。相对于产生的爆破力来说，点烟只是举手之劳，所以说是省力的。只要点着了火，我们就可躲在一边静观其变，不必打入敌人内部去冒风险，所以很安全。其次对敌人力量的削弱层次深，破坏重。因为这种削弱来自敌人的内部，是一种内聚力的破坏，这样的伤口是很难弥合的。因为又是『自相残杀』，所以它比来自外部的攻击的破坏性要更加严重。

二、撒豆止骥。就是用『撒豆』的方法来阻止马的前进。原意是把预先用香料煮好的豆子撒在地上，引诱敌人的马来争食，由于马贪食香豆，任凭主人怎样鞭打也不肯走动，这样就使其主人的行动受到间接影响。凡是主动给敌人准备某些利益，使他们被这些利益所引诱，为了捞取利益而干扰和破坏其原来的行动计划；或把这些留而无用，弃而可惜，没有什么大价值的利益背在身上，形成一个难以卸掉的大包袱等，都属于撒豆止骥之计。撒豆止骥之计主要是利用了敌人贪得无厌、见利必取的特点，以利累之。这种方法也不需要我们强迫，敌人就会自觉自愿地背上这个包袱。在一时无法在敌人中间制造矛盾时，可使用这种方法。

三、机巧贵连。凡是用计，一般都不是只用一计就可获得成功的，常常需要同时准备或使用数计，使各计之间相辅相成，这样可做到一条计策失败，另一条计策马上紧接着实施，一个计谋跟着一个计谋，环环紧扣，不留任何漏洞。例如若『两计扣用』的话，则『一计累敌，一计攻敌』，缺一不可。任何奇谋妙计，都需要为其创造出相应的条件，所以计谋要研究连贯，讲究配套，要有系统性和系列性。

防范连环计可采取如下对策：

一、莫贪便宜。对方对我施用本计的主要手段就是金钱美女之类，如果我们被这些东西所诱惑，而见利忘义，同室操戈，就会正中其下怀，做出『亲者痛，仇者快』的事情来，到头来将是我们自己害了自己。为了不被人所利用，就要不贪便宜，做到『富贵不能淫』，同时还要主动相让，不与『兄弟』争利，不为小利『翻脸』。

二、风雨同舟。在自己内部发生矛盾的时候，不要总是想着非要把对方置之死地而后快，而要看到双方所共同面对的严峻形势，想着互相之间的共同利益。在大敌当前的时候，我们矛盾的双方谁也不会独自幸存，只有联合起来，才有不被消灭的希望。就连世代为仇的吴人和越人，当乘坐同一条船在江心遇到大风大浪的时候，也能像左右手那样互相救援。（见《孙子兵法·九地篇》）何况我们原来都是自己人呢？

在这种情况下，无论哪一方首先醒悟，都要主动先放下武器，向对方晓以利害。如果都担心自己会吃亏的话，那么谁也占不到便宜。

三、早脱环扣。如果被敌人所施的数计相互扣用所困扰，处在应接不暇状态的时候，一定会力不从心，穷于应付。在这种极端被动的情况下，如果继续同敌人周旋，将是十分危险的，因为可能躲过敌人的一计、两计，但不可能计计都能躲得过，只要一次失误，就会一败涂地。在这种形势下，要以走为上，尽早地跳出敌人的连环网扣的羁绊，脱出危险，以求自保。

第三十六计　走为上

【原文】

全师避敌①，左次无咎，未失常也②。

【注释】

①避敌：避开敌人，指有计划地撤退。

②左次无咎，未失常也：《易经·师卦》：『象曰：左次无咎，未失常也。』意思是：暂且撤退，免遭伤害，也没有失去用兵的常理。

【译文】

全军有计划地退却，以避免和强敌对抗而遭受损失。这么做并未脱离正常的用兵法则。

【按语】

敌势全胜，我不能战，则必降、必和、必走。降则全败，和则半败，走则未败。未败者，胜之转机也。

如宋毕再遇与金人对垒，度①金兵至者日众，难与争锋。一夕拔营去，留旗帜于营。预缚生羊悬之，置其前二足于鼓上。羊不堪倒悬，则足击鼓有声。金人不觉为空营，相持数日。及觉，欲追之，则已远矣。可谓善走者矣！

【注释】

①度：考虑。

【译文】

如果敌方形势占绝对优势，我方不能战胜他，那只有投降、讲和、退却三条路可走。投降，是彻底的失败；讲和，是一半失败；退却，是没有失败。没有失败，就是取胜的转机。

例如，宋朝毕再遇建造工事和金人对抗，估计前来攻打的金兵日益增多，难以抵抗，他便在一夜之间全军撤离阵地，只留下旗帜在军营里。并预先把活羊倒吊起来，将前边两条腿放在鼓上。羊忍受不了，两条腿不停乱动，把鼓敲得咚咚直响。金人因此而不知已是一座空营，还相持了几天，等金人发觉后，想要追击时，宋军已去得很远了。这可以说是善于退却的战例了。

【传世典故】

走为上，指敌我力量悬殊的不利形势下，采取有计划的主动撤退，避开强敌，寻找战机，以退为进。这在谋略中也应是上策。

这句话，出自《南齐书·王敬则传》：『檀公三十六策，走为上计。』其实，我国战争史上，早就有『走为上』计运用得十分精彩的例子。

春秋初期，楚国日益强盛，楚将子玉率师攻晋。楚国还胁迫陈、蔡、郑、许四个小国出兵，配合楚军作战。此时晋文公刚攻下依附楚国的曹国，明知晋楚之战迟早不可避免。

子玉率部浩浩荡荡向曹国进发，晋文公闻讯，分析了形势。他对这次战争的胜败没有把握，楚强晋弱，其势汹汹，他决定暂时后退，避其锋芒。对外假意说道：『当年我被迫逃亡，楚国先君对我以礼相待。我曾与他有约定，将来如我返回晋国，愿意两国修好。如果迫不得已，两国交兵，我定先退避三舍。现在，子玉伐我，我当实行诺言，先退三舍（古时一舍为三十里）。』

他撤退九十里，已到晋国边界城濮，仗着临黄河，靠太行山，足以御敌。他已事先派人往秦国和齐国求助。

子玉率部追到城濮，晋文公早已严阵以待。晋文公已探知楚国左、中、右三军，以右军最为薄弱，右军前头为陈、蔡士兵，他们本是被胁迫而来，并无斗志。子玉命令左右军先进，中军继之。楚右军直扑晋军，晋军忽然又撤退，陈、蔡军的将官以为晋军惧怕，又要逃跑，就紧追不舍。忽然晋军中杀出一支军队，驾车的马都蒙上老虎皮。陈、蔡军的战马以为是真虎，吓得乱蹦乱跳，转头就跑，骑兵哪里控制得住。楚右军大败。晋文公派士兵假扮陈、蔡军士，向子玉报捷：『右师已胜，元帅赶快进兵。』子玉登车一望，晋军后方烟尘蔽天，他大笑道：『晋军不堪一击。』其实，这是晋军诱敌之计，他们在马后绑上树枝，来往奔跑，故意弄得烟尘蔽日，制造假象。子玉急命左军并力前进。晋军上军故意打着帅旗，往后撤退。楚左军又陷于晋国伏击圈内，又遭歼灭。等子玉率中军赶到，晋军三军合力，已把子玉团团围住。子玉这才发现，右军、左军都已被歼，自己已陷重围，急令突围。虽然他在猛将成大心的护卫下，逃得性命，但部队丧亡惨重，只得悻悻回国。

这个故事中晋文公的几次撤退，都不是消极逃跑，而是主动退却，寻找或制造战机。所以，『走』，是上策。

【用计锦囊】

三十六计，走为上计，是指在我不敌敌的情况下，为保存实力，主动撤退。所谓上计，不是说，『走』在三十六计中是上计，而是说，在敌强我弱的情况下，我方有几种选择：一、求和；二、投降；三、死拼；四、撤退。四种选择中，前三种是完全没有出路的，是彻底的失败。只有第四种撤退，可以保存实力，以图卷土重来，这是最好的抉择。因此说，『走』为上。

本计包含以下三种含义：

一、知难而退。如果已经知道事情实在做不成，就不要硬着头皮去做，要见机而动，尽早放弃。不要白白浪费时间和精力。知难而退中的『难』，在这里要理解成根本无法实现的事情，而不要理解成『困难』的难（当然成语中有这个意思）。所以它不是告诉人们见到困难就退缩、逃避，成为懒汉、懦夫、逃跑主义者，而是要求人们要『见可而进，知难而退』，『知其不可为』而不为，也就是要按客观规律办事，不能盲目蛮干，不要轻敌冒进，不能以卵击石，侥幸求胜。要知『小敌之坚，大敌之擒也』，要『实则斗，虚则走』，在自己的力量不足的时候，要避免同敌人决战，要首先保存自己的实力，在『避而有所全』的情况下，『则避之』。『留得青山在，不愁没柴烧。』这是脱离危险境地的一种策略。

二、以退为进。就是把现在所做出的暂时退让，作为下一步争取更大进取的手段。在这种情况下的『走』，并不主要是因为力不可支，而是出于引诱和调动敌人的需要。这是一种以迂为直的迂回战术。通过伪装的退却，可以诱敌深入，使其误入『重地』（《孙子兵法·九地篇》），进而被我们『聚而歼之』。通过伪装的退却，可以诱进分敌。使我们能各个击破，以少胜多。因为在我们退却的时候，敌必然紧紧追赶，因为在『日夜不处，倍道兼行』的情况下，就会形成『劲者先，疲者后』的局面，这时我们就可杀个回马枪，以集中的兵力对付分散的敌人。通过伪装的退却，可以『能而示之不能』，给敌人以弱小、恐惧的假象，助长敌人骄傲轻敌的心理，使其不加戒备，给我们突然袭击带来可乘之机。

三、急流勇退。在急流中果断退却。指人在顺利或得意时，为了避祸或保持名节而及早见机引退。事物发展到了顶点，就会向相反的方向转化，这就是『物极必反』『否极泰来』的道理。明代洪应明《菜根谭》中说：『居盈满者，如水之将溢未溢，切忌再加上一滴。』意思是已经达到自己顶峰的时候，像已经装满的水缸，就不应该再增加了，因为哪怕是再增加一滴，也会使很多水也跟着流出来。又说『谢世当谢于正盛之时』，意思是一个人要想退隐家园不再过问世事，应该在你事业的巅峰阶段急流勇退，因为这样才能给人留下最好的形象，否则弄到狼狈不堪被迫下台时，英名将会全部被辱没。但是由于人性本身的弱点，使有些人很难割舍既得的利益，常常是『身后有余忘缩手，眼前无路回头迟』，最终成千古遗恨。所以急流勇退中的『勇』字，除了果断迅速的意思，还应该包含勇敢和勇气的含义，因为急流勇退需要相当的勇气和胆识，非小人之辈能够做到的。防范走为上计可采取以下对策：

一、疏而不漏。所谓『天网恢恢，疏而不漏』，在这里是指天道如网，广大无边，样子像是稀疏有隙，但却没有一点遗漏的地方，任何人都不可能从它所张开的天罗地网下逃过。我们围歼敌人也要设置这样疏而不漏的大网，使敌人无隙可乘，无计可施，不然使快要抓到手的鱼儿溜掉，那将是十分遗憾又后患无穷的事。当然企图处处设防，十分严密是绝对不可能的。关键是要『不漏』，在『不漏』的前提下，有重点但不留任何死角、不留任何盲点地进行设防，敌人无论在哪里漏网，我们都可及时发现，并且可以立即前往封锁。在这种情况下，『亡羊』之后再去『补牢』，实在是太晚了。

二、一鼓作气。如果敌人已成网中之鱼、瓮中之鳖，那么我们要尽快形成关门打狗之势，一鼓作气地将敌人消灭，一般不要拖延，因为时间一久，就会夜长梦多，很容易发生各种变故。例如，敌人找到可乘之机，敌人的援兵赶到，我们的力量减弱，等等。同时尽快结束战斗，也可有趁热打铁的效果，我方的士气正盛，而敌方的军心恐慌，整个形势都是很有利的。另外，尽早消灭了敌人，可以腾出力量去对付别的敌人，以防牵扯更多的人力和物力。当然也不是越快越好，应恰当地掌握时机。

三、截断退路。如果不慎，钻了空子，敌人已经跑掉的话，那么千万不要总是跟在敌人的后面追，而要赶到前面，在敌人的必经之路上堵截，在其前面将他们消灭，或者赶回原来的地方。如果我们只是跟在敌人的后面追，就只会处于被动的地位，尽管我们是强者，却要受制于人。因为敌人可能会在撤退的路上设下埋伏，可能把我们拖垮，也可能转到敌人有利的环境中，还可能同他们的援军会合起来，那时我们就要吃大亏了。要能跑到逃跑敌人的前面：一是要取捷径，二是要有速度。

四、纵之而去。如果阻截已迟，追之不及，可以索性纵之而去。就是我们不再跟在后面拼命追赶，而是鸣锣收兵，卷旗而归，这样可防止被敌人拖瘦拖垮。但是纵之而去并不是彻底放弃不管，而是以此来麻痹对方，使其放松警惕，因为惊弓之鸟很难捕捉。待敌人惊魂已定，认为太平无事的时候，我们再采取突然行动，打他个措手不及，这就是所谓的『欲擒故纵』之计谋。

中编 《三十六计》实操运用

导读

『兵以诈立』，多谋者胜。这是军事斗争的普遍规律。因此，如何施计用谋，已成为历代兵家研究军事科学的一项重要内容。指挥员在战争中要做到『运筹帷幄，决胜千里』，以少胜多，以弱胜强，以劣胜优，转危为安，甚至不战而胜，关键在于知己知彼，审时度势，施计用谋。故有『用兵之道，以计为首』之说。反之，『不计而进，不谋而战，必为敌所败』。

施计用谋，首先要正确认识和处理『数』与『术』的关系。『数』指客观情势，是第一性的；『术』指主观计谋，是第二性的。客观情势决定主观计谋，主观计谋源于客观情势，又转而对客观情势有反作用。就是说『数』决定『术』，『术』反映『数』，又反作用于『数』，二者之间是对立统一、相辅相成的关系。因此，指挥员要做到妙计在心，胜券在握，应当像《百战奇谋·计战》中所说：『未战之时，先料将之贤愚，敌之强弱，兵之众寡，地之险易，粮之虚实。』也就是说要在认真调查研究的基础上，依据客观情势，制定出相应的计谋。例如：

战国时期的齐魏桂陵之战，孙膑根据当时客观情势，运用『围魏救赵』的战术，乘魏军正在赵国作战，国内空虚之机，指挥齐军直逼魏都，吓得魏军慌忙回师应战，结果在桂陵把魏军打得溃不成军。

太平天国军解天京之围，采取的也是乘敌之虚、攻其必救的策略。当时清军主力驻扎在天京城下，后方极其空虚，太平天国军攻湖、杭，断敌粮饷；待清军回救，兵力分散，再握紧拳头打击包围天京之敌，终于将清军七万余人全歼，天京之围自解。

这两个战例都说明胜者之所以能胜，就在于其主帅能依据客观情势去制定和运用作战谋略。主观臆断、骄纵轻敌，必然招致失败。施计用谋必须对客观情势充分了解并认真分析，才有获胜的可能。单凭主观愿望，不顾客观情势，刚愎自用，轻举妄动，没有不吃败仗的。即便是强者也会转化为弱者，优势也会转化为劣势。这是不以人们意志为转移的客观规律。我国古代的吴越争霸、楚汉争雄、淝水之战以及中外近代、现代的不少战例，都足以说明在战争中施计用谋，为由弱变强、取得战争的胜利，提供了宝贵的经验。

『三十六计』的军事谋略，早已为中外兵家重视和研究运用。其中有些计谋，诸如瞒天过海、围魏救赵、以逸待劳、声东击西、暗度陈仓、抛砖引玉、调虎离山、金蝉脱壳等，至今仍具有普遍意义，有着旺盛的生命力。

事实上，『三十六计』不仅在军事上得到广泛运用，而且在政治上、经济上、外交上以及文化、体育、日常工作和生活等方面，早已被中外人士重视运用。例如，其中第三计『借刀杀人』，早已有人用于日常工作和生活方面。如《红楼梦》第六十九回中就有『凤姐虽恨秋桐，且喜借她可以发脱二姐，用借刀杀人之法』的记叙。在处世待人中，对这种卑劣的手段，我虽不为，但不能不防。又如，第二十七计『假痴不癫』，是一种麻痹敌人、待机而动的谋略。此计古代运用在军事上，一般都是在不利于己的形势下，利用伪装以障敌眼，等待时机再转守为攻。后来，此计也有人用于政治上。战国魏文侯时，邺（今河北省临漳县南邺镇）地的官吏、豪绅与女巫假托『河伯娶妇』，强选少女，投入河中。不然，就说会有洪水为灾，借以愚弄民众，榨取钱财。其后，西门豹为邺令，决意为民除害。到河伯娶妇时，故意说所选女子不漂亮，要女巫、官吏去与河伯商量另行选送，立刻命人强行把他们先后投入河中。邺地的官吏、豪绅们都很惊恐，从此不敢再说为河伯娶妻的事。西门豹初对此佯装不知，其实是运用『假痴不癫』之计，一举戳穿了荒唐可笑的河伯娶妇的骗局，结束了当地人民的灾难。

在经济上，特别是现代企业的经营管理，研究古代兵法，施计用谋，日益引起中外有关人士的重视。日本和亚洲『四小龙』就把『三十六计』应用于工商业，在几年之中就完成了令人目眩的经济征服。

然而，计策是方法，是手段，是为目的服务的。『三十六计』是『分析学』，也是『方法学』。借助它可以认清客观情势，针对周围人们的言谈举止做出适当的反应，从而在社会生活领域创造优势，获取利益。我们学习和运用它，目的是在『安邦治国』、济世利民的前提下求得群体和个人的发展。当然也有某些专事牟取私利的不肖之徒，不择手段地运用『三十六计』巧取豪夺，坑害国家，欺骗他人。俗话说『久走夜路要撞鬼』『害人终害己』，这种人肯定是不会有好下场的。应当指出，『三十六计』中个别计谋确有消极因素，对此，我们虽不使用，但不能不知，不能不防。明代智者洪自诚说得好：『害人之心不可有，防人之心不可无。』这是至理名言。就像我们要不生病、不受传染，就得以『预防为主』，有『免疫功能』一样。

第一章　胜战计实操运用

第一计　瞒天过海

『瞒天过海』，比喻用欺骗手段，以达到预期的目的。原意是遮挡皇帝视听，瞒骗其上船，使其安全过海。（见《永乐大典·薛仁贵征辽事略》）它在军事上，是一种巧妙制造假象，掩盖真实的军事行动的计谋。主要用于战役伪装，以隐蔽兵力的集结、发动战争的时间等，从而达到出其不意、攻其无备、克敌制胜的目的。

疑心以乱其谋。指挥员的正确决心，来源于正确判断，但其判断常受思维活动和认识习惯的制约，如先入为主、常见不疑等。『瞒天过海』之计，就是实而示之以虚，示假隐真，出奇制胜，使敌方指挥员由此而导致思想麻痹，判断错误，用兵失当。这种疑兵之计，实质上是一种攻心战。攻心，也叫『夺心』。英国哲学家培根曾说，心思中的猜疑犹如鸟中的蝙蝠，它永远是在黄昏时飞的……这种心理使精神迷惘，疏远朋友，而且扰乱事物，使之不能顺利进行。假如我们的指挥员能针对敌将心中的『蝙蝠』，巧施欺敌假象，使他沉溺于犹豫狐疑之中而遇事不决，这就是『夺心』法之一。据历史记载，诸葛亮非常重视攻心。他提出的『用兵之道，攻心为上，攻城为下；心战为上，兵战为下』，可说是对孙子『上兵伐谋』思想的进一步发展。

『瞒天过海』之计，古今中外的战争史上常见运用。

南宋抗金将领毕再遇，曾以此计向金兵『借箭』20万支。宋宁宗开禧二年（1206），宋镇江副都统制、节制淮东军马毕再遇守卫六合（县名，今属南京市），被金将赫舍哩子仁包围。不久，城中宋军的箭已用完，毕再遇决计向金兵智取。于是他让士兵打着青色伞盖，穿上防护盔甲在城墙上来回走动。城外金兵一见上面青色伞盖出现，认定是主将毕再遇在巡城，就争先恐后地射他，箭像飞蝗般地射向城楼。不多久，城楼上铺了厚厚的一层箭。就这样，毕再遇轻而易举地从敌人那里弄到20万支箭，再现了诸葛亮『草船借箭』之妙计。

1933年10月，蒋介石任命四川军阀刘湘为『剿匪』总司令，纠集100多个团、80架飞机配合，企图歼灭红四方面军于川陕边境地区。红军顽强奋战，敌人进攻受挫，准备后撤。红九军第25、26师立即出击，在青龙观东南地区击溃敌一个旅后，向羊坝场方向追歼敌人。

跟随在25师后面的军直属队有五六百人。为尽快追击敌人，25师改由小路追击，军直属队仍然沿通往宣化、达县的公路向南疾进，预定集合地点是羊坝场。天黑前进时，突然发现敌人设有前哨阵地。这时，25师已离去，另走捷径小路；后卫27师尚未到达接应。在此孤军应战，危险时刻，军直属队首长研究决定：命通信连以一个排袭击敌前哨阵地，两个排在公路两旁埋伏待敌。为迷惑敌人，采用『瞒天过海』之计：每隔10米站一个号兵，战斗刚一打响，100余支军号突然一齐吹响，雄壮的号声震撼山谷。敌不知多少红军赶来战斗，顿时惊呆。红军趁声势一举占领敌军前哨阵地。经审问俘虏，得知南边公路有敌一团。军直属队首长当即决定乘胜向敌发起攻击。敌人被冲锋号声吓破了胆，以为红军大军出击，顿时阵势大乱，一哄而散。军直属队人员一拥上前，挥舞扁担、菜刀，漫山遍野抓俘虏。仅半小时，击溃敌一个团，活捉敌人500人。

当日深夜两点，军直属部队到达预定集结地点羊坝场。这时又遭遇到敌人驻守在东山担任掩护撤退的一个团。军直属队首长『如法炮制』，迅速部署兵力，吹响冲锋号，向敌人进攻。敌人顿时大乱，吓得四处奔逃。凌晨驻守西山的敌军一个团也惊慌失措，准备逃走。我直属队趁机吹军号，大声喊杀。敌被一夜号声、枪声吓得六神无主，犹如惊弓之鸟，很快被红军击溃。这次战役，红九军直属队一夜之间，四破敌兵，连续击溃敌人3个团，俘敌1900多名。

第二次世界大战期间，美英盟军在1944年发起诺曼底登陆战役前，企图在圣玛丽埃格利兹进行伞兵空降。为了掩护这次军事行动，盟军在空降地域两翼，先后接连投下带音响装置和实弹射击模拟器的几批假伞兵。当其接近地面时，即发出与真实战斗相同的音响，诱使德军包围伞降地区。德军连续扑空，遂麻痹大意起来。于是，盟军趁机实施真空降，德军以为还是假的，未能迅速做出反应，从而使盟军空降伞兵毫不费力地站稳了脚跟。

『瞒天过海』与日常工作和生活

1992年3月15日，哈尔滨市农业银行办事处金库内的1283万元现金被盗。这是新中国成立以来所发生的特大金融盗窃案。

这座金库三面都是营业室，一面靠着民房。其墙体在原来的厚度上增加一尺多，而且墙体内加有大号钢筋。库门是钢板焊成的，装有双密码双锁。在金库的四面，还安装有先进的报警器。每天有一名领导和三名值班人员守护，真可谓固若金汤。

金库的盗窃者究竟是用什么现代化高超手段潜入这铜墙铁壁的金库呢？本案后经侦破，案犯为盛伟强、马文志、金永浩三人。原来，他们就是在光天化日之下、大庭广众之中，用钢钎铁锤穿墙入室盗窃巨款的。

为此，案犯雇用了4个民工，规定在上午8点到11点、下午1点到3点凿墙。这正是银行上班的时间，凿墙声连续响了3天，这期间连有点耳聋的领导冯国太都听得心烦，邻居78岁的老太太以为银行在维修，也曾两次前来提意见，他们只是回答『这不是我们干的，我们没凿』了事。此时，也有职工听到此凿墙声感到怀疑，并提出『可别是凿咱们的金库墙啊』？但领导认为金库非常牢固，凿一天也不会凿开。银行的部分职工也认为：『偷金库是死罪，谁敢？』就这样，不该发生的事情终于发生了！3个案犯受到严惩，银行有关人员负有责任者亦受到处分。银行的领导自以为金库固若金汤，放松警惕，这就是『备周则意怠』。而案犯雇人凿墙，故意选在上班时间，响声如雷，毫不隐蔽，正是运用了『阴在阳之内，不在阳之外』的『瞒天过海』之法宝，真所谓『盗亦有道』。

『瞒天过海』与政治

公孙捷、古冶子、田开疆并称为春秋时齐国的『三强』。三人勇猛过人，遗憾的是与佞臣梁丘据打得火热。相国晏婴担心他们将成为祸国殃民的祸根，决心除掉他们。

一次，鲁昭公赴齐国访问，齐景公设宴招待。宴会上晏婴献上新摘的桃子为两位君主祝寿。景公吃的桃子味极甘美，于是就赏赐给随访的鲁臣叔孙偌，叔又让给晏婴。二人互相推让，只好赐给他们每人一个。晏婴见席上两桃，但参加宴会的齐国有三个勇士，于是想出一计：当即提议齐国参加宴会的将领诉说自己的功劳，谁的功劳大，桃子就归谁。公孙捷、古冶子抢先发言，没等到评判，就抢先分吃了桃子。田开疆的功劳原本高出二人之上，可是未分到桃子，田开疆感到莫大的耻辱，遂拔剑自杀。公孙捷、古冶子二人自觉功劳不如田开疆大，而自己却抢先分吃了桃子，羞愧自杀。这就是『二桃杀三士』的计谋。

战国初，淳于髡事齐威王。一天，淳于髡被齐王召见，要他到楚国将一只鹄鸟（白天鹅）献给楚王。但是，要将一只鹄鸟从齐国送到楚国，可不简单。从齐的首都临淄到楚国的首都郢，需要一个月的长途跋涉，况且又不是珍贵礼品，只不过是只鹄，所以当齐王问他愿不愿意充当使者时，淳于髡的心情是不难想象到的。

他一出齐都，就把鹄鸟放走，然后持空笼子去见楚王。他说道：『我奉齐王之命来献鹄鸟。途中我见鹄鸟想要喝水，就把它从笼子里放出来，不料它乘机飞走。这是我的失职，我愿意以死谢罪。不过，为了一只鸟而使一位士人自杀，恐怕贵国会遭齐王责难，所以我打消了这一想法。虽然类似鹄的鸟有很多，我也想过另买一只类似的鸟来替代，但是这么一来又欺骗了齐王，所以我没有这样做。我甚至想到要逃到别国去躲避。但如此，又会使两国的友好关系产生裂痕。所以我又打消了这一错误想法。现在，我甘心情愿接受大王的任何惩罚。』楚王听后，非常激动，说：『你真是令人敬佩的人啊！齐王身边竟还有这样的人。』说罢，就赏赐了淳于髡许多礼物。

『瞒天过海』与商战

『瞒天过海』重在攻心。虚实结合，正反交错，从而制造有利于自己的商业竞争态势。

日本中山湖畔的亚洲大饭店曾推出优待顾客的新规定：『投宿在本大饭店，如果看不到富士山山顶达一小时，我们就分文不收您的住宿费。』很多旅客曾上了这诱人新规定的当，争先恐后地前往投宿。他们心里盘算着：『明天也许下雨，云雾将遮蔽富士山，那么我就可以省下一笔可观的住宿费了。』结果，抱着这种侥幸心理的顾客，住一宿没等着又多住几宿的多得惊人。据该饭店经理说：『我们试办了三个月，结果，没有一位旅客享受免住宿费的优待。』

在我国商界也有不少运用此计的事例。如某地一宾馆，其住宿房间本来是有空闲的，茶室、酒吧间座位也有多余的，但该宾馆张贴广告和『顾客须知』，声称：凡欲到我宾馆房间住宿、茶室品茶、酒吧间娱乐的，必须事先登记排队，候通知而定。这一来，该宾馆的营业情况果然大为改观。这种策略就是利用人们惯有的一种心理，即『越是难于得到的越想得到』，以虚待实，以攻为守，从而达到变虚为实，招揽顾客，增加盈利的目的。

1987年使美、日两国大为震怒的『东芝事件』——1981年，日本东芝机械公司为了赚钱，不顾西方贸易集团的禁令，与苏联秘密地签订了合同，向苏联出售每台高达两层楼、重250吨、加工直径9米的巨型MBP-110铣床4台。其计算机系统由挪威的康斯伯贸易公司提供。然后采用『瞒天过海』之计，向日本有关部门申请出口的却是『TDP70-110』型铣床，比真正卖给苏联的MBP-110要简单得多，完全符合西方贸易统治集团巴黎统筹委员会的规定。装船时，又耍了『瞒天过海』的调包伎俩，巨大的集装箱外标明『TDP70-110』字样，而里面的零件却全是MBP-110的部件，从而骗过了日本的海关检查。自1983年以来，日本东芝机械公司、挪威康斯伯贸易公司的技术人员多次秘密去苏联列宁格勒安装调试机床，来去无踪。美、日的政府官员完全被蒙骗。因此，苏联迅速地利用此最先进的铣床加工改装了核潜艇的螺旋桨，噪声降低到原来的

1／10至1%，性能与美国最先进的688级核潜艇相当。美国再也无法在百海里之外监听苏联潜艇，必须靠近到20海里之内才能发现，乃至发生了与苏联潜艇相撞的事件。

近几年来发生的一系列国内外诈骗案件，大都是非法分子用『瞒天过海』手段搞的。一些海外骗子，常冒充『某国某公司的董事、经理』或港澳巨商，吹嘘自己财大气粗，从而使我们一些企业对其盲目崇拜和信任，视为『飞来财神』，轻易吞下诱饵，造成恶果。一些国内骗子也善于在『资金』『关系』等上面虚张声势，于是『公司』『中心』的牌子满天飞舞，所冠名号从『中华』到『亚洲』直至『寰球』『宇宙』，越来越大，其实只不过是皮包一个，空空如也。此外，广告吹得天花乱坠，名片印得神乎其神；有的不法分子还冒充『中央特派员』『高干子弟』，巧扮港澳千金阔少、归国华侨……而善良的人们往往深信不疑。凡是遇到上述这样人物和这类情况，必须保持高度警惕，头脑清醒，不轻信，不妄动，以免上当受骗。

第二计 围魏救赵

『围魏救赵』是一种采取间接方法，排除受威胁地区的危机，实现军事目的的策略。其思想源于《孙子兵法·虚实篇》：『兵之法，避实而击虚。』其史实是根据战国时期，为援救赵国，孙膑率领齐军在桂陵打败魏军之战。《史记·孙子吴起列传》对此有详细记载。『围魏救赵』，用今天的话来说，即『围城(点)打援』，基本目的在于攻击敌人所必救的要害，使之由严阵以待的局面变为分散运动状态；分散驰援之敌，在仓促回师的急行军中，必然疲惫不堪，而我方则以逸待劳，选择战机，突然袭击，从而达到扬长避短、歼灭敌人、掌握战争主动权的目的。

『共敌不如分敌』，就是说：在敌人兵力集中的时候，应用计谋调动敌人，使其兵力分散，顾此失彼，然后再伺机攻打，这样，就容易取胜。古代兵法，凡采取先发制人的战略称为『敌阳』，后发制人的战略就称为『敌阴』。后发制人在一定条件下比先发制人有利。此计就是『倍则分之』『引而退之』『先兵出击不如后于人而还击之』的军事斗争艺术的运用；是『避实击虚、避强击弱、避治击乱、避锐击衰』借以退敌、破敌的一种克敌制胜的计谋。『围魏救赵』的计谋，历来为兵家所推崇，是用兵作战的重要指导原则。

1860年，清兵围困太平天国的天京（今南京），正值危急之际，太平天国干王洪仁玕与忠王李秀成共同巧妙地运用『围魏救赵』的谋略。李秀成率部自浦口渡江到芜湖，会合左军主将李世贤等，一起攻打湖州、杭州。因浙江是江南清军大营的粮仓，倘若杭州有失，清军江南大营粮饷供应必将断绝。为此，清军将士极其恐慌，统帅和春急忙分出2/5的兵力，直奔杭州增援。这时，太平军已攻占杭州，在城上广树旗帜虚设疑兵，暗施『金蝉脱壳』之计退出杭州，绕山间小道日夜兼程，疾驰北返，当敌人弄清太平军的去向时，各路大军已会师建平（今郎溪县，距离南京180里）。随后，太平军乘敌兵力分散之机，兵分5路，向清军大营发起总攻击，天京城内的太平军也纷纷出击，终于将清军大营7万余敌人全部歼灭，胜利地解除了天京之围。

我军在抗日战争和解放战争时期，把这一战法发展成为围点、攻点和夺点打援的人民战争的战略战术，创造出战争史上的奇观。围点打援『目的不在打围敌，而在打援敌』；攻敌所必救，目的也在击其救者，两者均着眼于调动敌人，选择战场，隐蔽战略行动。1938年3月，我八路军一二九师在晋东南与日军作战，针对其一处受袭、他处必援的规律及其对后勤保障敏感的特点，于3月16日拂晓，以一部兵力袭击邯（郸）长（治）公路枢纽兵站黎城，诱使潞城之敌出援。同时，以3个团之兵力预伏于潞城与黎城间敌军必经的神头岭，上午9时潞城援敌主力纵队，进入我伏击区，派骑兵向四周侦察搜索，由于我军伪装良好，沉着冷静，敌未发现我集结着的重兵。于是，敌主力继续前进。9时30分，当敌主力全进『口袋』后，我八路军犹如从天而降，突然发起猛攻，先掐头断尾，将敌截成数段，继则开展白刃格斗。经两小时激战，歼敌1000余人，随后又击退潞、黎两城来援之敌。

在现代乃至未来的战争中，这种『围魏救赵』、攻其必救的战术仍然极为有用。例如，派部队袭击敌方后勤补给基地，攻击敌后重要据点或敌方最敏感而又最薄弱的地区，以调动敌人来援，乘机歼灭其援兵，这样可以使难打的强敌变成易打的弱敌。但攻其必救、『围点打援』，关键在于从实际出发，处理好『围点』与『打援』的关系。『围点』，必须在表面上给敌人造成一种危机感，使其感到我是真围，而非虚张声势，与此同时，暗地把作战重心置于『打援』上。在现代条件下，通信技术、指挥中枢、侦察手段比以往大为不同，战场的『透明度』不断提高，围点与打援的部署企图较易被敌方识破。因此，必须配合多种示形用诈的手段方能行之有效。

『围魏救赵』与日常工作和生活

1911年4月，著名的『黄花岗起义』前夕，黄兴押运一条名为商船而实际上是装运准备起义用的武器弹药的船只。当这艘船停靠在广州码头，正往岸上搬箱时，清政府的几个稽查气势汹汹地上船开箱检查。先打开一箱是香蕉，又打开一箱是衣料，如其再要往下翻就是武器了。船上的人都非常紧张，有的人已暗暗地握紧手枪准备拼了。这时，黄兴急中生智，应用『围魏救赵』之计，先用计谋调动敌人，使其兵力分散，然后，『攻击敌所必救的要害』。他机智地暗示两名船员扛起一个箱子就往岸上飞跑。几个稽查立刻一窝蜂似的追上去，跑到很远的地方才追上，抓住了两名船员。他们得意地以为抓住了『大头』，当场打开箱，一看都是顶好的外国酒，大为扫兴！这时，黄兴也赶来了，故意训斥两名船员是『不要命的酒鬼』，然后和蔼地对稽查说：『害得官员跑了这么多路，实在过意不去，如果不嫌弃，就把这箱外国好酒犒劳各位吧！』说着吩咐两名船员把酒送上去。当稽查收下时，黄兴立刻指示船员向稽查谢恩，取出银圆，生拉硬扯地请稽查到饭馆里吃饭。这顿饭吃喝了好几个时辰。待稽查再回到码头时船上武器早就搬完了。

『围魏救赵』与政治

西汉宣帝时，颍川（今河南省禹县）太守赵广汉分化当地豪族运用的也是此计。过去颍川的豪门大族之间相互联姻，又与官府勾结，为非作歹，横行不法，风气极坏。赵广汉对此状况颇为忧虑，于是在豪族中物色一些可用之人，鼓励他们揭发检举所知的坏人坏事，从而依法加以惩治。他故意将他们揭发的有关豪族罪行的话向外泄露，以引起豪族间的怨恨。赵广汉还在衙门外设立告密信筒，收到告密信，一律删去投信人姓名，假托是豪门子弟所告发。因此，颍川各豪族大户之间互相猜忌，奸党瓦解，风气大为改变，给百姓办了一件好事。

西汉初年，诸侯力量异常强大，汉帝以此为心腹之患。到汉武帝时，中大夫主父偃出主意，让皇上允许诸侯向子弟推恩，把自己的领地分给他们，然后由皇上给予封爵，这样，既显示皇上对他们的厚恩，实际上也分散了诸侯的领地，削弱了他们的势力，从而巩固了汉帝的统治地位。这『分而治之』的手段也是『围魏救赵』策略在政治上的应用。

『围魏救赵』与商战

『围魏救赵』之计的核心，就在于『避实击虚』。此计关键在于避开强大的对手，不与之发生正面交锋，而要侧面出击或者说绕道进取，捕捉机会乘虚而入。运用于商业经营，就是『做别人之不能做』，找空隙的经营之道。

日本东京的矢田一郎，为每天料理他的残废儿子的大小便感到十分麻烦，他经过两年的刻苦钻研，终于研究出对残疾人既方便又实用的便器——『安便器』。因此，他申请了专利，并开始制造，然后去有关各商店推销。但始终没一家愿买，也不愿代卖，怕摆在店内有碍观瞻。经过多次碰壁，他终于想出高招，于是拜托很多朋友，每天打电话问百货店：『你们有没有专供残疾人使用的便器呢？』半月后，东京各百货店见这便器有销路，便改变了态度，开始向他订货销售。就这样，卖安便器的百货店像雨后春笋般地出现了。这种安便器对患痔疮的人也非常适合，因体积小、轻便，不久就畅销起来，终于发展成全国性的商品。

中国第一家制碱公司——永利公司成立后，一直控制中国制碱业的国际垄断组织大为震惊，便千方百计要挤垮永利公司，其典型代表是财大势雄的英国卜内门公司。它先提出在技术和资金上与永利公司合作，继而又想收买永利公司内部人员窃取情报，但都未得逞。于是，该公司决定搞减价（减到40%）竞争，企图挤垮永利公司。此时永利公司了解到日本的『三井』和『三菱』两家公司正搞纯碱销售竞争，『三井』处于不利地位。于是永利公司力促实业家范旭东给『三井』建议，让其代销永利公司的纯碱。『三井』同意后，永利公司便以低价在日销售纯碱，从而迫使在日本大有市场的卜内门公司的纯碱随之降价，一举击中了它的要害。几次竞争，卜内门没把永利公司搞垮，只好讲和，声明今后在中国市场决不再搞降价销售，并协议由卜内门为永利公司在日的代理商，还付给永利公司35万银圆做保证。永利公司就是以『攻其必救』的策略战胜对手的。

『围魏救赵』之计的核心，就在『避实击虚』。以经商而言，则是绕道进取、钻空当、找空隙的经营之道。

九龙仓是香港最大的货运港，是香港四大洋行之首的怡和洋行控有的一家上市公司，与置地公司并称为怡和的『两翼』。

其后，九龙仓把货物业务迁到葵涌和半岛西，将地皮腾出来用于发展商业大厦。尤其是九龙仓先后建有海湾城、海洋中心大厦等著名建筑，确是块风水宝地。由于怡和对九龙仓经营不善，使集团陷入财务危机，以致信誉下降，股票贬值。

为此，李嘉诚曾多次设想自己主持九龙仓旧址地产开发，让其起死回生，欣欣向荣，决定收购九龙仓。但怡和洋行有巨大实力，决不放弃九龙仓。因此，李嘉诚采取『围魏救赵』之计而对分散户头暗购的方案，悄悄地『暗度陈仓』，从散户持有的九龙仓股中，购买2000万股。据悉怡和洋行控制了九龙仓的股量的20%，因而，九龙仓的最大股东已不是怡和洋行而是李嘉诚。因而为李嘉诚进一步购得九龙仓与怡和洋行在股市公开较量铺平了道路。

第三计 借刀杀人

『借刀杀人』比喻自己不出面，利用别人之力，实现自己企图的一种政治权术。它运用到军事上，就是针对敌方阵营各种势力对我的不同立场和态度，而采取分化瓦解或积极争取的斗争策略。

在古代有关著作中，『借刀杀人』之计的内容包括『借力』『借刀』『借财物』『借敌将』『借敌谋』等方面，其运用相当广泛。如《韩非子·内储说下》有『借敌杀良臣』的故事；《后汉书·王允传》有『借吕布杀董卓』的故事；《三国志·诸葛亮传》有『孔明借孙权之力拒曹操于赤壁』的故事；《红楼梦》第六十九回中有『凤姐虽恨秋桐，且喜借她可以发脱二姐，用借刀杀人之法』的故事，等等。

在战争史上，『借刀杀人』之计的战例颇为常见。

东周时，孙武为吴国上将军率兵伐楚，兵至大别山，首战派先锋带三百勇士，用大木棒打得楚军狼狈溃逃。他分析楚帅有贪功侥幸心理，断定楚军夜间将乘其立足未稳，前来劫营，便『借敌谋』将计就计，预做部署。结果，楚军不仅偷袭中计溃败，连大本营也被吴军占领了。当孙武引兵取纪南（今湖北省江陵北）时，望见漳江在北，江水滔滔，纪南地势低下，西有赤湖，湖水通纪南及郢都（楚国都城，今湖北省江陵西北）城下。孙武便心生一计，命军士连夜挖一道深壕，引漳水于赤湖。这边筑堤挡住江水，那边水有进无出，平地高出两三丈，直灌纪南城内、郢都城下，楚王只好放弃郢都而逃。孙武兵不血刃，占领了郢都，开创了『借水力』而歼敌的先河。

三国中曹操、孔明、周瑜、陆逊等运用『借』的谋略更是丰富多彩。一部《三国演义》描写大小火攻竟多达四十一次。还有『借水』『借大雾迷天』『借天气暴冷』『借天降大雪』『借天子以令诸侯』等等。

他们靠『借』，弥补了自己力量的不足，强化了自己的优势，突破了那个时代科学技术落后的局面，可以说『借』得巧妙之极。

『借刀杀人』与日常工作和生活

苏州有一人名石虩子，颇有计谋。一次外出郊游，来到闲置的小楼前，准备进入休息，但发现里面已有一个和尚在床上呼呼大睡。若要直接让和尚出房间，不但会发生争执，甚至要吃亏；若要与其共寝，自己又不情愿。这时忽然发现对面有一漂亮的小媳妇正在屋里绣花，于是石虩子灵机一动，偷偷穿上和尚放在床边的衣服，大摇大摆地打开小媳妇的窗户，做出似乎调情的姿态，然后转身离去。小媳妇见和尚如此无理，十分生气，立即告诉丈夫。丈夫一怒之下闯进房里揪着和尚就打。和尚一时有口难辩，只好悻悻地逃走。于是石虩子不费吹灰之力，便安然地占用了房子。而和尚和丈夫均一直未得知其究竟。

石虩子欲使和尚让房，又不愿同和尚发生争执，便借用小媳妇丈夫之力，强行赶走了和尚，自己从中获利，而小媳妇的丈夫还一直被蒙在鼓里。

『借刀杀人』与政治

战争中用『借刀杀人』作为一种军事、政治兼用的间谍阴谋手段，制造和利用敌垒中的矛盾，实现自己的目的，早被古今中外各国经常使用。

曹操为了挑起刘备、袁术、吕布三者间的矛盾，采纳了谋士荀彧的计谋：一方面派人密向袁术通报，说刘备上表，欲夺袁术的南郡，『术闻之，必怒而攻备』；另一方面假天子之诏，传令刘备讨伐袁术，促其『两边相拼』。这样，见利忘义的吕布『必生异心』。曹操依计而行，果然引起刘备和袁术之间的一场大战。吕布趁着张飞酒醉时与曹豹里应外合，袭取了徐州。从中可以看出曹操采纳良策，利用矛盾把军事斗争、政治斗争和外交斗争有机地结合起来，自己不出兵而令三家互相残杀，体现了『上兵伐谋』的作用。

南北朝时北周大将韦孝宽，镇守玉璧（今山西省稷县南），派间谍入北齐，不断搜集并传回情报，使之对北齐动向了如指掌。北齐左丞相斛律光，智勇过人，孝宽非常嫉恨，便令其参军曲严编写歌谣：『百升（斛）飞上天，明月（斛律光字明月）照长安。』另一首为：『高山（北齐帝姓高）不摧自崩，槲树（影射斛）不扶自竖。』令间谍将歌谣传单，带到北齐都城散发。北齐尚书左仆射诅孝徵同斛早有矛盾，他得知后，便借题发挥，斛律光终被北齐后主处死。周武帝得此消息，乘机举兵灭齐，统一中国北方。

在第二次世界大战中，德国希特勒制造假情报、假证据，诬陷屠哈切夫斯基等苏军将领谋叛，并设法传到苏联统帅部，结果苏中计，误将屠哈切夫斯基等八名能征惯战的将领处决，使希特勒削弱苏军指挥力量的阴谋得逞。

『借刀杀人』与商战

企业在市场竞争中，本企业的力量是有限的，全社会的力量是无限的。借用社会力量是多方面的，比如引入产品专利和技术转让，求援技术力量，联合开发产品和市场，贷款、集资、租赁，借用资金、设备，补偿贸易，借名牌声誉，借助销售渠道联合经销，等等。各方力量，各种渠道，都可为我所用。

在国际贸易竞争中，『借刀杀人』之计，也见应用。据纽约《美洲华侨日报》报道，日本某首饰制造厂想要仿造中国的景泰蓝，始终没有成功，最后收买了一个华侨，交给他到中国去偷景泰蓝制造技术的任务。那个华侨回到中国，以『代理商』的身份，要求参观景泰蓝的制作过程。接待部门替他做了安排。厂方殷勤地接待了这位华侨『代理商』，让他参观了工厂，把工艺制作的全过程拍了照片，不久那家日本工厂就制造出标着日本造的景泰蓝在国际市场上和中国竞争。这就是日本厂家利用我们对华侨的特殊感情和待遇，以间谍手段『借财物』——搞去了景泰蓝制作的全部工艺，使我国的景泰蓝在国际市场上出现了新的竞争对手。

我国制造宣纸的宝贵传统技术也是被类似的手段所盗走的。1981年，几位日商要求参观在安徽泾县纸厂帮助下建立起来的一个宣纸厂，并进行技术交流。日商来厂后，第一天听情况介绍，参观生产宣纸全过程；第二天座谈；第三天对生产宣纸的全过程进行了录像。在参观和座谈中，日商对宣纸生产技术上的问题，询问甚详，还索去了某些原料，并以帮助化验为名装走了造纸用的井水。就这样，生产宣纸的全部技术，包括原料样品，都被人家搞走了。

经验告诉我们，在外贸中，特别是在同某些发达国家的厂家打交道中，不能像唐僧那样独具『菩萨心肠』，必须有孙悟空那种『火眼金睛』，善于识别鬼蜮伎俩。不然就会吃大亏，上大当。

第四计　以逸待劳

『以逸待劳』语出《孙子·军争篇》，原文为：『以近待远，以佚（同逸）待劳，以饱待饥，此治力者也。』又《南北筹兵论·上》说：『闻之兵法，守者常逸，而攻者常劳，以逸待劳。』原计说的就是，迫敌处于困境，不一定非用直接进攻的手段，可以按照『损刚益柔』的原理，避其锐气，实行积极防御使其逐步消耗、疲惫，由强而弱；我方就可以由被动变为主动。这是一种掌握战争主动权、伺机破敌、转守为攻的军事谋略。

『以逸待劳』的『劳』和『逸』，是对立的统一。『逸』能养精蓄锐，保持战斗力；『劳』则沮丧士气，削弱战斗力。但无『劳』则无作战胜利，也自然谈不上『逸』。运用此计的关键在于『待』，即以我之从容休整，养精蓄锐，对敌之奔走疲劳；或以我小部兵力之劳，换取大部兵力之逸，始终保持部队的作战锐势。孙子称此为掌握军力、创造战机之法。

在《三国演义》中，刘备亲自率领70万复仇大军，势在吞吴，曾连胜十余阵。而陆逊走马上任后，命令部下坚持『乘其守险』『以观其变』，一『待』就是半年。此时刘备求战不得，退走不甘，正值天气炎热，便将40座大营，全部移到林木茂密之处，还扎栅栏、搭凉棚。陆逊见时机已到，便『脱颖而出』，『火烧连营七百里』，并且乘胜进击。结果，刘备几乎全军覆没，只带逃出的几百人退守白帝城（今重庆市奉节县）。

北宋名将曹玮率兵与党项羌族（羌族的一支）作战，党项军初战受挫，为避实待机，主动撤退。曹玮本拟同敌决战以求全胜，但他并未追击，而是待敌人走远后让部队赶着缴获的牛羊等战利品缓缓回师，故意让队伍松松垮垮。此时，党项军已退数十里，得知宋军散乱情况，以为有机可乘，又立即回兵准备攻击。曹玮闻报，非但不惊，反命部队放慢速度，待到有利地形处，才停下整队迎战。然而，当敌接近后，曹玮却派人告诉敌首领说：『你们远道赶来，一定很疲劳，我们不愿乘你们疲困之际作战，等你们休息一会儿再分胜负。』敌军听后都很高兴，哪知一休息，心劲就松，锐气大减。曹玮抓住战机，率军冲杀，大败党项军，于是凯旋回师。北宋将士不解其中奥妙，曹玮说：敌军撤退，我以牛羊辎重，诱敌返回寻战，其往返近百里，虽已相当疲劳，倘立即作战，锐气并未全消，我要取胜须付出大的代价。而远行之人，只稍事休息，顿感双足麻木，腰酸腿痛，锐气随之消失。此时我们与之战，犹如虎入羊群，必稳操胜券。

抗美援朝战争第五次战役期间，一天拂晓时分，空防洞北山，刘光子带领一个战斗小组守在北山最东边的山头，打击逃跑之敌。

一会儿，敌人的影子闯入视野，有8个人。人人背着枪和黄布包往山上爬。看来敌人还不知道山头已经被我军占领，刘光子决定活捉，便与战友商量，敌人最怕被迂回包围，如果绕到敌人后面，打倒几个，敌人就会自乱阵脚，就容易活捉了。为防止人多暴露目标，他只身向敌人靠拢过去，折了一把松枝，隐身在一块大石头后面，悄悄地把枪伸出去，一梭子弹扫过去，打倒了6个，另两个鬼子惊慌失措，号叫着往大石头方向跑来。

刘光子刚要换梭子，却发生意外，在大石头底下，忽然站起一大群敌人。

因为敌人发现石头上只有刘光子一人，敌一军官扬起手枪，领头向刘光子走来，想活捉。刘光子举起枪发现子弹打完了。这时，几十个敌人举起枪一步一步地朝刘光子逼近。刘光子在千钧一发之际的危机时刻，采取『以逸待劳』之计，纹丝不动。军官的手枪对着他的头，刘光子和敌人瞪着眼睛对峙着，右手却暗暗地抽出手雷的保险针。敌军军官眼看逼近、威胁都不起作用，就攀上岩石来抓刘光子的肩膀。刘光子在这一刹那间，使劲把手雷往下一推，身子往右一滚，随着震天的巨响，敌人被炸死了一堆，刘光子也失去了知觉。

刘光子醒来的时候，山头上的机枪声又响起来了。他越过大石头下面乱七八糟的尸体，捡起地上的卡宾枪，快步插到敌人的前头，迎头拦住一大群敌人的逃路，把枪对准领头的军官，又拔出手榴弹，敌人被怔住了，都乖乖地举起手。刘光子怕有别的敌人来解围，决定带人不带枪，用手指着我们的山头，大喊：『巴利卡！巴利卡，巴利卡！』（朝语，快走，快快走！）敌人果然领会，排成两行往山上走。

山上的同志来接应刘光子，查点俘虏数目，都属于参加侵朝战争的美军第29旅，总共有63个之多。

战争实践证明，逸能养精蓄锐，劳则士气沮丧，斗志削弱，运用『以逸待劳』之计的根本就在于调动敌人，使之疲劳，而后把握战机，加以歼灭。

『以逸待劳』与日常工作和生活

《聊斋志异》中有一则寓言，对我们理解此计颇有启发。寓言说的是两个牧童进深山，入狼窝，见有两只小狼，便各抢一只分别爬上两棵相距数十步远的大树。片刻，老狼回窝，寻找其子。一牧童在树上掐小狼耳朵，小狼嚎叫连天。老狼闻声奔来，在树下乱抓乱蹦。此时，另一牧童也以同样办法弄得小狼嚎叫，老狼闻声又急奔过去，乱抓乱蹦。如此调动老狼来回奔跑，终于使老狼气绝身亡。

『以逸待劳』与政治

战国时期，燕国经子之之乱后，苏代（苏秦之弟）逃亡在外，使人对燕昭王说：『齐国向南攻破了楚国，向西使秦国屈服，使用韩、魏两国的军队和燕、赵两国的民众，就如用鞭子驱赶羊群。假如齐国向北攻伐燕国，即使五个燕国的力量也抵挡不住。大王为何不秘密派出使者，把游客谋士分散出去活动，使齐国恐慌，军队疲劳，百姓困乏，这样就可以使燕国世世代代不再忧虑齐国的侵略了。』燕王说：『如果我有5年的时间，就可以达到这样的目的了。』苏代稍加思索说：『请大王给我10年的时间完成此事。』于是燕王很高兴，给苏代安排了50辆马车，让他南使齐国。

苏代对齐王说：『齐国向南攻破楚国，向西使秦国屈服，使用韩、魏的军队和燕、赵的民众就如同用鞭子驱赶羊群。我听说当今之事业，为王的必须诛除残暴，拨乱反正，拔除无道，攻伐不义。现在宋国的国君竟敢射天鞭地，铸天下诸侯的群像，放在厕所里当侍者，伸出手指弹击铸像的鼻子。这是天下最大的无道与不义，大王不去讨伐，因此您的威名未能树立。况且宋国是中国最富饶的国家，与齐国接壤，您得到燕国一百里还不如得到宋国十里。讨伐宋国，名为伸张正义，实为获利，大王您为什么不这样做呢？』齐王说：『好。』于是率军讨伐宋国，三次挫败宋国的军队，宋国就此灭亡。

燕王得知后，与齐国断绝了关系，后以乐毅为将，与秦、楚、韩、赵、魏合兵讨伐齐国，齐兵败，燕军进入临淄，齐地除莒、即墨，俱为燕占领。齐湣王出亡在外，后被杀。

『以逸待劳』与商战

在外贸谈判中，也可以巧用此计。如有时我们会遇到锋芒毕露、咄咄逼人的对手，他们以各种方式表现其居高临下、先声夺人的挑战姿态，毫不掩饰地想使谈判跟着他的指挥棒转。对此，我们在开始时宜取回避、虚与周旋的方针，或者也提出令人难以接受的强硬要求与之对抗。但言辞举动仍需冷静沉着，要柔中有刚，使谈判地位由被动转为主动，待对手精疲力竭、头昏脑涨时，即可转守为攻。但此时仍须抱以理服人的态度，摆出我方观点，力促其接受我方条件，以免『以硬碰硬』，使其情绪对立，导致谈判破裂。

『以逸待劳』是日本人谈判的重要手段之一，他们或采取轮番上阵的办法，认为谈判时人多势众，心里踏实，既体现集体精神，又能够一个讲累了，另一个精力充沛的又顶上来；或采取拖延战术，有时提出诸多的方案长时间地进行讨论，有时一直保持沉默，不肯『先兵出击』，而是口呷清茶借以等待时机，『后发制人』。

第五计　趁火打劫

『趁火打劫』的原意是：趁着人家失火，一片混乱，无暇自顾时去抢劫他们的财物。比喻乘人之危，从中取利。在军事上是指趁敌人危难之际，发起攻击，因势取胜的一种计谋。此计源于《孙子·计篇》中讲的『乱而取之』。在《十一家注孙子》中，杜牧进一步解释为『敌有昏乱，可以乘而取之』。

就战略全局而言，造成敌方的危难主要来自两方面：一是内忧。有的因天灾而经济困难，民不聊生；有的因奸臣当政而朝纲混乱；也有的因民众暴动，内战四起等。二是外患，强敌入侵，国难当头，迫于危难，勉力抵抗。在古代割据兼并的斗争中，有的军事家认为：『敌害在内，则劫其地；敌害在外，则劫其民；内外交害，则劫其国。』就是说，敌方有了内忧，就抢占他的土地；敌方遭遇外患，就抢夺他的人民；敌方既有内忧，又有外患，就趁机吞并他的国家。

『敌之害大，就势取利。』其『势』不单是指客观形成的条件，常常可用各种办法主动地去创造条件，巧妙地给敌方制造混乱，使他们互相猜疑，增加其心理恐惧，先削弱其战斗力，再乘机取胜。类似此种做法，亦属此计之运用范围。

北魏大将军尔朱荣，让大都督侯渊去讨伐韩楼。侯渊只带数百骑兵，一路虚张声势，深入敌境。在离苏州不远的地方，与敌军遭遇。侯渊暗设伏兵，待敌人过去后，从背后发动突然袭击，一举破敌，俘敌5000人。但侯渊对这些战俘，既未收编，也未杀害，而是发还其马匹兵刃，放回苏州。曾有人劝阻，他说：我们的兵力微弱，不能硬拼，必须用计使敌人互相猜疑，思想混乱，才能相机取胜。侯渊说服左右后，并料定放回的俘虏已经回城，便率军连夜急进，拂晓时抵达苏州城下，急叩城门。守将韩楼果然怀疑逃回的队伍和侯渊有约定，将里应外合破城，遂急忙弃城而逃。侯渊乘胜率军追击，活捉了韩楼。

『趁火打劫』与日常工作和生活

一艘万吨级的苏联货船名『伊科诺恰夫号』，正在上海港装运我国出口的袋装大米。在货物装到一半之时，苏联船员突然惊叫：『老鼠，有老鼠！』在一大米袋上蹲着三只老鼠，正伸着头四处张望。当大家把三只老鼠消灭后，不意竟因此而引出一起公案。

苏联船长以发现老鼠为由，要求立即停止装货，并把装上船的大米全部卸下，同时，还要求把已放在码头上的大米全部调换，甚至无理要求中方必须请世界卫生组织承认的卫生机构对其货仓进行熏蒸从而消灭老鼠，而一切费用均由中方负责。中方货主粮油公司为维护自己在国际贸易中的声誉，明知是讹诈，也只好『哑巴吃黄连』，白白损失人民币十万元。

三只老鼠的问题，虽不是什么『大火』，但苏方抓住中方不愿因此影响声誉的心理，借机使用『趁火打劫』的手段，达到从中取利的目的。

北宋时，一伙强盗聚集在梁山泊。曾有一县官登上长梯子窥视蒲苇间的情况，得知这伙强盗粮食供应困难。当时蒲宗孟知郓州，下令禁止人乘小船出入于苇荡中，以断绝强盗的粮食。于是这伙人断了炊，不得已就自行解散了。

『趁火打劫』与政治

袁绍在官渡惨败之后，忧惧而死。但其三个儿子和一女婿还握有重兵，致使曹操大为掣肘。公元203年，曹操打算采用各个击破的办法，消灭袁氏的残余势力。曹操首先进攻袁绍长子袁谭。谭据守黎阳，因抵敌不过，火速向已继承父位的袁绍幼子袁尚求助。袁尚救援不及，两人均被打败，只得一起撤回邺城。由于二袁合兵，兼之城坚难攻，相持数日，仍无结果。曹操无奈，只得放弃二袁，转而征讨刘表。袁氏两兄弟见曹操撤兵而去，便开始内讧，为争继承权大打出手。袁谭兵败，逃到平原，袁尚团团围住平原，攻打甚急，袁谭只好向曹操求援。

这时，曹操和其谋士认为，如果二袁和好，就会力量倍增，如果一个独揽大权，形成统一的局面，袁氏的势力就会东山再起，难以图谋。所以曹操决定暂时停止进攻刘表，乘二袁内战之机，收取渔人之利。结果曹操很快消灭袁谭的势力，接着又消灭袁尚、袁熙，于是，冀、青、幽、并四州全部被曹操占领。

袁氏兄弟的内讧是为争夺继承权而引起的，所以这场『火』属自然之祸。曹操及时利用『内忧』、『乘危取利』，其所采取的手段是『明助暗夺』，以援助袁谭为名，行消灭袁氏兄弟之实，从而使曹操取得事半功倍的效果。

『趁火打劫』与商战

在商战中，『趁火打劫』之计可引申为以下两方面：一是要善于寻找『火』源。经营者要广泛了解市场信息，掌握竞争对手的产品优劣以及市场销售行情。即抓住敌方弱点和销售市场的需求，大力开展促销活动。二是要抓住战机『打劫』。生意场上，旧的商机断失，又会给新的发展机会。所以经营者要看准『火』源，分析『火』势。抓住商机，抢先一步。

在20世纪20年代初，我国长江航运为外国轮船公司控制。我国著名的爱国航运家卢作孚于1925年创办了民生实业有限公司。当该公司在长江上游站住脚逐步向中下游发展时，外轮公司发觉已遇上民族意识很强的劲敌，便立即联合起来，依仗资本雄厚，采取大幅度降价的办法，日清公司对重庆至宜昌的旅客还每人送一把伞，他们企图以此扼杀民生公司。面对这样杀气腾腾的挑战，卢作孚坚定沉着，采取有力对策。一方面，宣传发扬爱国主义思想。30年代初，四川人民因受万县『九五』惨案和东北『九一八』事变的刺激，反帝爱国热情高涨，卢作孚便积极参加抗日救亡活动，联合各民众团体召开『收回内河航权大会』，发出『中国人不搭外国船，中国船不装外国货』的号召。同时，在民生公司取消『甲级船员只能由外国人担任』的陈规，实行『甲级船员不任用外国人』的新规定，开任命中国人在甲级船上当船长的先例，并将提货单、船上员工职称等一律改用中文华语。各界对这些爱国行动热情支持，一致对外，使外轮种种竞争手段宣告失败。另一方面，卢作孚针对外轮经营管理作风腐败恶劣的致命弱点，例如，乘客一般只能坐统舱，并须另买铺位；吃饭没菜，蹲在走道上吃；睡觉人挤人等，便精心培训船上人员，处处为旅客着想，亲自参加为旅客服务，丰富旅客文化生活，全船上下，同心同德，使旅客感到亲切、安全、清洁、舒适，于是交口称赞，四处传扬。民生公司就是这样，借『群众爱国热情』之力，趁『外轮作风恶劣』之『火』，『趁势取利』，艰苦奋斗，转危为安，发展壮大。到1949年，已由建立时5万元资本、1条小火轮，发展到上亿元资本、140多艘江海轮船。不长的时间统一了川江航运，在长江中下游夺得优势，并把航线伸向海洋，曾被美国航运界称为『奇迹』，被日轮视为『潜在的竞争对手』。

在争夺国际市场上，我国了解到葡萄牙技术比较落后，所需机床自己不能生产，依靠进口。美、日、捷等国虽然都想去占领这个市场，但其机床都属高档产品，在葡没有销路。而中国机床相当于国际中档产品，其性能、操作要求、价格、质量都比较适合葡机床市场的需要。因此，中国乘其机床市场急需之时，『趁火打劫』，抓紧与葡方洽谈，迅速获得成功。结果，中国机床一举进入葡萄牙市场，独具优势，代理商对我国机床在葡的销售前景表示乐观。

第六计　声东击西

『声东击西』的意思是表面上或口头叫嚷要攻打东边，实际上却攻打西边。它是以假象让敌人产生错觉而出奇制胜的一种策略。《孙子·势篇》《淮南子·兵略训》《通典·兵六》等书中均有论述。如《淮南子·兵略训》中说：『故用兵之道，示之以柔而迎之以刚，示之以弱而乘之以强，为之以歙而应之以张，将欲西而示之以东。』《通典·兵六》中也讲：『声言击东，其实击西。』此计通常是用灵活机动的军事行动，忽东忽西，即打即离；声彼击此，欲进以退；不攻而示之以攻，欲攻而示之以不攻；像必然而不然，像不然而必然；似可为而不为，似不为而为之。敌人按情推理，我却因势施计，从而达到出其不意而取胜之目的。

民族英雄郑成功为收复荷兰侵占的台湾，于1661年初，亲率25000将士，乘大小战船数百艘，从金门岛的料罗湾出发，抵澎湖岛后，一面等候粮船，一面调查情况，以定如何攻取台湾的计策。经了解，大船要进入台湾攻打赤嵌城（今台南安平），有两条路：一条是南航道大港，港阔水深，进出容易，登陆方便，但有重兵把守；另一条是北航道鹿耳门，水浅礁多，航道窄且沉有破船，入港极难，但防守薄弱。从鹿耳门至赤嵌城还有一曲折航线，遇上涨潮可通大船。郑成功选定了鹿耳门这条路线，采用『声东击西』战术，分派战舰佯攻南航道炮台；随后在一天夜晚，亲率主力舰队进入鹿耳门海域等候涨潮。不多时，潮高至丈余，便乘潮入台江，突然登陆，并乘胜攻克木寮港（今台南境），直捣赤嵌城。在台湾人民的配合支援下，经过一年奋战，终于在1662年2月1日，迫使荷兰侵略者投降，使台湾回到了祖国的怀抱。

抗美援朝战争中，1953年7月6日，驿谷川的暴雨中，闪过一辆带『215』字号的坦克，车长兼排长是杨阿如，其任务是消灭346高地上的3辆敌军坦克，支援步兵争夺石岘洞北山。

『215』号坦克不辱使命，在排长指挥下，准确地击中三辆敌军坦克，顺利完成任务，但随之而来的是如何安全撤离的问题。

『我们打了敌人的坦克，但暴露了自己，很快鬼子的排炮就会报复，怎么办？』坦克要跑，根本跑不过炮弹，但又不能等死。

驾驶员陈文奎说：『往常敌人知道我们打炮后就立即开走，他们就听摩托声音，组织炮火拦头截击。现在，我们可采取 声东击西 之计，就在原地发动坦克，先使摩托声音加大，然后像开走似的把声音变小，迷惑敌人。』大家都兴奋地称赞是妙计，于是，立即发动坦克。

于是坦克发动起来并猛加油，坦克轰隆隆的声音很大，一会儿，震耳的排炮轰鸣声，从坦克屁股后边传来，渐渐地向后延伸，他们又把油门控制正常。鬼子用三个炮兵群，沿着坦克『向后转移的道路』，由近及远地一直打了大约两里路，才罢手。

『215』号坦克却在原地未动。坦克手们都笑着说：『鬼子都以为我们走了，放炮来欢送我们呢。』

由于『声东击西』属常见之计，运用不当反遭失败的战例也不少。

建安三年（公元198）夏，曹操再伐南阳张绣。张绣退守城池。曹操绕城三日发现『城东南角砖土之色新旧不等，鹿角多半毁坏』，便决定：传令在城西北『堆积柴薪，会集诸将』，摆出由此进攻的架势，暗地却让军中密备锹镬等攻城器具，企图由城东南袭入。但此计被城内分贾诩识破，为张绣献策，将计就计，令精壮士兵全藏于城东南屋内，却教百姓假扮士兵，登城西北摇旗呐喊。曹操见此暗喜，白天在城西北虚张声势地攻了一阵，晚上便悄悄带领精兵从东南角爬入城内。结果，反中了贾诩之计，被杀得『奔走数十里』，『折兵五万余人』。这是贾诩没为曹操所示的假象迷惑，『知彼知己』，正是他高明之处。

『声东击西』与日常工作和生活

在新产品开拓市场、扩大销售方面，此计也多见运用。如柳州一家电风扇厂在生产『双马牌』电扇时，面临广西40多家、全国3000多家电风扇厂的激烈竞争，好容易才在广西站住脚，为了让『双马』奔驰全国，该厂先后两次运用『声东击西』之计。一次，在看样订货会上，他们将需方代表请到厂内，先不看电扇样品，而是让代表们参观工厂的建设和生活设施，参观生产流程和工艺设备，使之了解该厂技术力量雄厚，管理水平先进，由是对产品的信任感油然而生，到会代表自然而然地进入了生意圈，订货情况相当可观。另一次，这家电风扇厂邀请全国10省市14支男女足球队云集柳州，参加『双马杯』足球友谊赛。这种『声言击东，其实击西』的推销战术，使『双马』名噪一时，为产品远销大江南北起到重要的促进作用。

『声东击西』与政治

唐朝的辛京杲英勇善战，代宗时升任左金吾卫大将军，曾因私愤打死了部曲，有关部门将此事上报朝廷，认为他犯了死罪，皇上即将批准执行。李忠臣当时任检阅司空、同中书门下平章事，他对皇上说：『辛京杲早就该死了。』皇上问：『为什么？』李忠臣说道：『他的叔伯和兄弟都战死了，唯独辛京杲一人到今天还活着，所以臣认为他早就该死了。』皇上一听，念其一家都以身报国，动了恻隐之心，免了辛京杲的死罪，做了降职处理。李忠臣『声东击西』的巧妙进谏果然见效。

战国时，齐国相孟尝君，逃出秦国之后，秦王散布谣言，说他想谋齐王之位。齐湣王信以为真，将其相印收回，撤职返薛地闲居。其门客冯谖，很是机智而有谋略，采取『声东击西』之计，为孟尝君设法复位。

他毅然赶到秦国见昭襄王，说孟尝君已被撤职，劝襄王聘他入秦为己用。秦王大喜，乃秘密派人往迎孟尝君。冯谖又托词先行通知，要孟尝君预做准备。他回到齐国，往见齐王，说：『秦国已秘密派人迎接孟尝君，他一旦入秦，对齐国很不利。』因而齐王派人探听，果真如此，同时想到孟尝君这个难得人才，绝不可以让他为敌利用。为此便问冯谖怎么办。冯谖说：『很简单，复其相位，再增加其权力，以固其心。他是齐国人，而且是王的亲属，他绝不会去为敌人服务的。』齐王如其所说，立即恢复孟尝君的相位。如是，孟尝君转危为安，终身『无纤介之祸』。

『声东击西』与商战

在经商活动中，市场竞争激烈，各种关系错综复杂，经营者更需要善于制造假象『声东』，隐蔽自己的真实意图，以转移消费者或竞争对手的注意力，而『击西』在产品研制、生产和市场促销中占领主动地位。

在谈判过程中，我方出于某种需要可有意将会谈议题引到次要问题上。通常多在讨价还价阶段采用，目的在于提高次要议题在对方心目中的价值，转移其视线。一旦我方在次要问题上让步，使对方满意而在主要方面我方却可获利。例如我方关心的是运输，而对方的兴趣却可能是价格条款。这时我方可用此计，力求将对方引导到其他方面（如付款条件），以分散其注意力；或暂时搁置主要议题，以便对其做更深入的了解；探查更多的信息和资料，以利另寻对策。这也是一种缓兵之计。但须注意对方是否也在以此对付我们，如是，应当及时调整对策。

在国际市场竞争中，『声东击西』战术亦可运用。当年，我国的『解放』牌卡车同日本某公司的卡车在国际市场上竞争，论质量和性能，我国产车不如日本车，于是我方大胆使用了商业竞争的策略。当时双方为招揽生意，都一再降价。我方大胆地把价格降到成本以下；日方依仗自己的车质量好，实力雄厚，也把价格降到成本以下。其实我方是采取『声东击西』之计，及时抓住时机，委托第三者一下子全部购买了日方的汽车。等到汽车转运到我国，日方才得知中了我方之计，感到懊悔不已。

第二章　敌战计实操运用

第七计　无中生有

『无中生有』计出《尉缭子·战权》：『战权在乎道之所极。有者无之，无者有之。』古典小说中也常见，如《脂评石头记》第二回中说：『欲谓冷中出热，无中生有也。』

『无中生有』本意是指凭空捏造，栽赃诬害。运用于军事上，就是采取虚虚实实的手段，虚中有实，用假象欺骗敌人，造成其判断和行动都失误的一种计谋。一般地说，『无』即迷惑敌人之假象，『有』是假象背后之真实企图。正确运用它，必须认真研究敌方指挥人员所具有之性格及其在当时情况下存在的弱点。凡头脑简单、易于轻信或过于谨慎、过于疑心之人，即可用欺诈办法使其迷惑；然后乘敌人困惑不解之际，适时化假为真、化虚为实、化无为有，给予出其不意的攻击。似此，定收成效。

我国从古至今，对这一谋略思想都十分重视。仅《东周列国志》一部书中就有多处记载，且运用相当广泛。

公元前627年，秦国出兵袭郑，行至滑地（今河南省偃师县），离郑国已经不远。郑商人弦高恰好在此与秦军相遇。这个有忠君爱国之心和排患解纷之略的弦高，弄明秦军来意，急中生智，假扮郑国前来犒劳秦军的使者，选十二头肥牛送给秦帅，并从容不迫地说：『国君闻您率军来敝国，特派我前来慰劳您和您的部下。因我国地处几个强国之间，常有外患。故边境秣马厉兵，戒备森严，请您不要介意。』与此同时，他又托人将这消息星夜报告郑君。郑君闻讯，立即派人到客馆侦察杞子（秦军内应）等人的动静，发现秦人果已将行李放在车上，秣马厉兵，只等秦偷袭部队到来从内策应了。于是郑君向其下了逐客令。秦军由于失去内应，又被弦高犒师所惑，以为郑国早有戒备，偷袭无胜利把握，便放弃了袭郑打算。弦高就这样依靠聪明才智，破秦偷袭计划，『不战而屈人之兵』，使郑国避免了一场战争灾难。

诸葛亮第三次北伐，司马懿在失利之后，『教大军尽回本寨，坚守不出』。诸葛亮为寻找战机，传令全部退兵。为消除司马懿的疑虑，故意用缓兵之计，每十天退三十里，造成『真退兵』的假象。足智多谋的司马懿到底还是上了当，同意部下追击，结果中了埋伏，损失严重。

在近代、现代战争中，示假隐真、『无中生有』的谋略，不仅被广泛运用于战役、战斗，甚至还用来掩护战略行动。第二次世界大战期间，希特勒为了伪装闪击法国的军事行动，麻痹盟国首脑，曾连续二十余次变更侵法的开战时间，并多次有意将其变更日期通过某种途径，让西方国家政府和参谋部获悉，使之『常见不疑』而丧失警惕。当英法情报机关在德军发动正式进攻的前夕，再次拍发德军调向法国边境的许多消息时，英法当局还以为又是过去那套『神经战』，根本没有引起注意，致使希特勒闪击法国的阴谋轻易得逞。

『无中生有』与日常工作和生活

『无中生有』可用来帮人摆脱生活困境。清朝江苏吴县中医叶天士，医术精，医德好，但医运不好，求诊的病人很少，生活颇受影响，因而终日愁眉不展。有一天，被当时老百姓奉如神明、连皇帝也敬他三分的张天师来到吴县，叶天士便去请他帮忙，向他讲了自己的本领和遭遇。张天师沉思很久才答应帮忙，嘱咐他于某日某时乘船在某桥下经过，不可过早过迟，否则自误。届时，叶天士坐船从某桥下经过，张天师也坐轿到达桥边，见叶后，即令停轿，匆匆下轿向船作揖。他的举动给同行和围观的人看见了，颇觉惊奇，问他为何如此。张天师说：『刚才碰到一位天医从桥下经过。』因此，大家认为叶天士是天医星下凡转世的，于是，一传十，十传百，向叶医生求诊的病人日益增多，名气也越来越大，很快摆脱困境，奔向小康了。

『无中生有』与政治

公元195年，曹操统率十余万大军，浩浩荡荡奔赴宛城征讨张绣。经过一片荒无人烟的地方却找不到水源。将士已经三天没有水喝，兼之时值初夏，烈日高照，闷热异常，而将士身穿铠甲，肩荷武器，还要拼命地向前赶路，都精疲力竭，烦渴难忍。因此士兵怨声载道，曹操心急如焚，深恐军心不稳。这时，曹操急中生智，用马鞭指着前面，大声地对将士说：『我以前走过这地方，记得前面有一片梅林，树上长满了梅子，大家赶快走，摘取梅子解渴。』将士们听说有梅子，顿时口舌生津，人人振作起精神，加快步伐向前迈进。后来，果然寻找到一处水源，终于渡过了难关。曹操故意编造说前面有梅林，却产生出同真实情况的效果。其原因是给大家贴近的目标，而使人精神振奋起来；同时，利用条件反射作用，使将士口舌生津，解了燃眉之急。这是『无中生有』的以假化真之计。

在国际政治舞台上，特别是一些外交活动中，使用『无中生有』的并非仅见。如某国宣布：某外国记者×××，因进行与记者身份不符的活动，限其在××小时内离开国境。而该记者的国家，也有采取『对等行动』的，且其制裁对方人数和理由几乎完全一致。这显然是使用『无中生有』的策略。尤其在一些外交关系比较紧张的国家之间，类似情况颇为多见。

『无中生有』与商战

经商者运用『无中生有』，就是靠智慧和谋略，在空盘上做文章，所谓『空手套白狼』就是指一种从无到有的经营手段。

1935年，美国奇异灯泡厂生产一种『日光牌』的新电灯泡，每个售价0.1元（银圆，下同），给零售商放款期为6个月。当时上海市场灯泡批发价每个0.2元多。奇异灯泡厂生产的这种灯泡之所以批价低，放款期长，目的是要把中国民族灯泡厂挤垮，以便独霸市场。对此，上海民族灯泡企业，发挥团结保产的集体力量，每天按各厂产量抽捐一些灯泡，也加上『日光牌』的中外文商标，并在各地报刊遍登广告，每个售价0.05元。其所以这样做，是因为他们探得美商奇异厂蔑视中国，未向中国商标局注册。待他们发现有两个『日光牌』灯泡时，无权提起保护商标的诉讼。市场上出现价格相差一半的同样『日光牌』电灯泡以后，引起各地商贩疑虑，都不敢进货。这使奇异厂措手不及，除由外国律师登报恫吓及对个别厂制造些麻烦，毫无其他有效对策。

在国际市场的激烈角逐中，有的甚至使用间谍手段，『无中生有』地制造假情报，设置大骗局，为实现他们的企图，挖空心思，不择手段，简直到了无以复加的程度。对此，我们虽然是害人之心不可有，诈骗行为不可有，但防人之心不可无，因此，识诈之术必须通，以便时刻保持警觉，严防上当受骗。

第八计　暗度陈仓

此计名称源于成语『明修栈道，暗度陈仓』，原来说的是楚汉相争时，刘邦在南下汉中路上，采纳张良建议，先是烧毁栈道，以示不回关中，麻痹项羽。而后乘齐王、赵王等反项羽之机，向关中进军，明里派人修复栈道，暗地却迂回至陈仓（今陕西省宝鸡市东），突袭咸阳，占领全部关中。『暗度陈仓』是一种迂回袭击，即用正面佯攻、佯动的手段来迷惑敌人，用以掩盖己方另外的攻击路线和突破点的策略。其『明』『暗』，反映用兵的『奇正』关系。古代军事家认为，出奇制胜的兵法，来自正常用兵原则，必须引诱敌人按正常用兵原则来判断我军行动企图，方能收出奇制胜之效。所以，『暗度陈仓』必须以『明修栈道』来分散敌人的注意力。

『暗度陈仓』亦属兵家常用之计，在古典文学作品中颇为多见。

《前汉演义》二十二回就描写了『用密计暗度陈仓，受密嘱阴弑义帝』的具体情节。尚仲贤《气英布》第一折也讲：『汉王云……英布阴杀义帝于郴（今湖南省郴县），五国诸侯，一时同叛。孤家用韩信之计，明修栈道，暗度陈仓……』

《三国演义》中记有：魏将邓艾攻蜀国，进军于白水北岸。蜀将姜维立即下令廖化把军队驻扎在白水南岸，隔水相峙。邓艾分析敌情对部下说：姜维突然回师与我对抗，我军兵力甚弱，按照兵法要求，姜维本当不待架桥便过河攻打，但至今不见行动，我料定这是想截断我军归路，专派廖化前来牵制我们。而他却带领主力，向东迂回，夺取城池。于是，邓艾下令，连夜由小路赶回洮城（洮阳城，在今甘肃省岷县西百里），果然发现姜维正在那里偷渡。因邓艾已抢先入城，姜维偷袭未能得逞。这是姜维不善运用『暗度陈仓』之谋略被邓艾识破的结果。

在解放战争中，我刘邓大军巧渡黄河，堪称对此计的出色妙用。1947年的一个冬夜，驻守在黄河南岸的国民党军队的探照灯，照见北岸水面黑压压一片戴钢盔的『水兵』，默默地向南岸游来。敌师长得知后，即下令所属部队：沉着应战，待共军靠近南岸，再用机枪密集扫射，不许一个登陆！北风越刮越猛，『泅渡者』越逼越近，国民党军阵地上数不清的机枪瞄准着一个个的『泅渡者』。快靠近岸边了，只见天空一串信号弹飞起，枪炮齐鸣，风急浪高，绽起万点血花，染红大片河水。但那些头戴钢盔的『人』，依然不顾一切向南岸涌来。敌师长被这样『壮烈』的场面惊呆了。怎么办？商量结果：撤守为上，以保存实力。但请示时，总司令在电话中大吼：『谁敢散布撤守言论，动摇军心，立即枪决！』并命令所属六个师集中全部兵力，共歼渡河共军。霎时，敌军全部云集。正当兵荒马乱之时，敌人背后响起了惊天动地的炮声。原来是我刘邓大军，乘木排、木船、大桶等，在大风黑夜的掩护下，『暗度陈仓』『瞒天过海』，包抄敌后，突然袭击。这一迅雷不及掩耳的歼灭战使敌军伤亡过半，其残部缴械投降，敌师长也被活捉。当政委邓小平来到时，敌师长还不服气地指向江边说：『你们的损失也不小呀！』直到邓政委让卫生员给他『上课』后，他才明白是邓政委『巧用三千葫芦兵（每个葫芦戴着钢盔，系上灌红水的猪肠、尿脬，下坠石块，顺风漂流），暗度陈仓抄后路』，不由得面红耳赤，羞愧难言。俘虏们都惊叹：『邓政委用兵真如神哪！』

第四次中东战争中，以色列的王牌部队第190装甲旅，奉命增援固守菲尔丹附近据点的以军，破坏菲尔丹桥，阻止埃军继续向前推进。但在到达以军第二道防线前，先后对埃及第二步兵师先头部队发起3次攻击，均被埃军歼灭，有35辆坦克被击毁击伤。但该旅旅长不甘失败，集结所剩85辆坦克，准备孤注一掷。埃及二步兵师分析了敌情：以孤军深入，缺乏支援，远途行驶，疲惫不堪，3次受挫，指挥易急躁，且与附近以军会合。埃军决定诱敌深入，围歼该旅主力。他们先派工兵在菲尔丹附近架设假桥，制造后续部队将渡河的假象，促其下决心急于增援。然后命先头营撤出，且战且退，以助长其骄纵情绪，佯败诱敌。埃军伏击部队，只带便于隐蔽的轻型反坦克武器，并在道路两侧适当距离挖单兵掩体隐蔽。以军未能识破，将全部坦克向埃军伏击阵地高速开进。待其进入伏击圈，埃军各种反坦克武器齐发，仅3分钟就击毁这85辆坦克，生俘了敌旅长，打了一个漂亮的歼灭战。以色列王牌旅的覆灭，固然在于它孤军冒进，急躁轻敌，但更主要的是埃军指挥员针对其弱点，巧妙地示假隐真，『明』里修桥、撤退，『暗』中设伏、诱敌，从而达到了聚而歼之的目的。

『暗度陈仓』与日常工作和生活

李斯特曾用『暗度陈仓』计帮助肖邦成名。1831年，肖邦从波兰流亡到巴黎。匈牙利著名的钢琴家李斯特对肖邦的才华深为赞赏。为了帮助肖邦在观众面前崭露头角，李斯特想出个办法：那时，演奏钢琴往往要关闭剧场灯光，以便让观众在黑暗中能够凝神谛听。李斯特就利用他在剧场为观众演奏的时机，自己先端坐在钢琴前；等一熄灯，就让肖邦悄悄地过去代他演奏。观众被娴熟优美的琴声征服了，演奏完毕纷纷起立鼓掌。可是灯亮后，观众才发现钢琴前坐着的并非李斯特，而是一个陌生的年轻人——肖邦，无不大为惊叹敬佩。肖邦这颗新星从此升起，后来成了名闻全球、享誉后世的钢琴大家。

『暗度陈仓』与政治

明成祖时，周新任浙江按察使，曾微服巡视所属的州县。一天，他来到一县，有意触怒了县官，被抓到监狱中，打算加以拷治。

在狱中，他同囚徒交谈，了解到全县百姓的疾苦和县令贪污的情况。第二天，县官等候着迎接按察使。他告诉狱吏说：『我便是按察使。』狱吏把他从狱中放了出来，县官又害怕又惭愧，主动交出官印，离职而去。

从此，所属各州县的官员闻风恐惧，不敢胡作非为。

『暗度陈仓』与商战

在商业战线中应用此计，达到『明』里吃亏，『暗』中赚钱或宣传彼而实宣传此的目的。日本东京在20世纪70年代中期，由于通货膨胀，失业者增多，消费者购买力薄弱，使商品滞销，市面一片萧条景象。三越百货店为渡过难关，并没有采取打折扣销售的方法，而是使出提高顾客货币价值的『新招儿』，即拿1万元可在该店买1.1万元的商品。而别的商店因几个月来货币贬值10%，1万元只能买到9000元的商品，消费者对这里外便宜20%的商品自然肯于『光顾』了。三越百货店1974年9月开始这个销售新法，结果9月比上月多售2亿日元。

上海某无线电厂，为推销其生产的整流器，在电视广告中不直接讲其整流器的质量如何好，而介绍天上卫星、水面船舰、名牌电视机都选用该厂生产的整流器，使用户通过对卫星、军舰、名牌电视机的技术标准的联想，间接地意识到该厂生产的整流器的优良性能和质量，以『暗度陈仓』之策略，达到广告宣传的预期目的。

第九计　隔岸观火

『隔岸观火』原是比喻对别人的困难漠不关心，在一边看热闹的态度。在军事上，是根据敌情的发展变化，采取『坐山观虎斗』而从中『渔利』的一种谋略。《孙子·军争篇》中有『以治待乱，以静待哗』的论述。另《孙子·火攻篇》中后段指出的『慎动』原理，都和『隔岸观火』之意吻合。《史记·张仪列传》也记有卞庄子『坐山观虎斗』，『一举果有双虎之功』的故事。运用『隔岸观火』，是当敌方内部矛盾激化，相互倾轧气氛更加显露时，不是直接出兵，『趁火打劫』，以免促使其内部暂时联合，增强敌人还击之力；而是等敌方矛盾继续发展，直至出现自相残杀的内部动乱，即可达到敌人自行消亡，我方坐收『渔利』的军事目的。

曹操在平定河北时，曾两度运用『隔岸观火』之计。一次是曹操亲率大军讨伐袁氏兄弟，企图一举平定河北。曹军势如破竹，很快兵临冀州城下。袁谭、袁熙、袁尚等合力死守，曹操连日攻打不下。谋士郭嘉献计说：『袁氏废长（袁谭）立幼（袁尚），而兄弟之间，权力相并，各自树党，急之则相救，缓之则相争；不如举兵南向荆州，征讨刘表，以候袁氏兄弟之变，变成而后击之，可一举而定也。』曹操从其计策，留部分兵力守黎阳、官渡，亲率大军征伐刘表而去。果然，曹军一撤，袁谭便同袁尚为争继承大权，同室操戈。袁谭不敌，向曹操求救。操乘机引兵北进，杀死袁谭，击败袁熙、袁尚，迅速占领河北。另一次是当袁熙、袁尚战败，逃奔辽东公孙康时，曹操并未远征公孙康，捉拿袁氏兄弟，依然『隔岸观火』，结果兵不血刃，公孙康便送来袁熙、袁尚的首级。

『隔岸观火』与日常工作和生活

战国时，韩、魏之战相持数年，胜负难分。秦惠王不知应参战与否，就向谋士陈轸问计。陈轸稍加思索之后，向秦王讲述了一个似乎与参战毫不相干的故事：有个名叫卞庄子的勇士，看见两只老虎吃牛，准备立即去把老虎刺死。有人劝阻说：『两虎刚开始吃牛，都在兴头上，谁也不退让。等一会儿，它们就必然相争斗。两虎相争斗，必然有伤亡，到时候你再去刺杀那受伤的老虎，就一举而两得了。』卞庄子依计而行，果然得到两只老虎。

惠王听懂了陈轸的意思，于是持兵待机，终成大业。

『隔岸观火』与政治

公元前572年，中原霸主晋国发生内乱，晋厉公被杀。楚共王想趁此机会登上霸主地位，他问计于公子壬夫，于是公子壬夫献以敌攻敌的计策，即先拿位尊国大的宋国开刀。因为宋国的原大夫鱼石、向为人、鳞朱、向带、鱼府五人，因与右师华元关系紧张，现在逃于我楚国。如果我资助其人马，让五人当先锋打回宋国，只要攻下城池，楚国就立即册封他们，到时，晋国若不出兵救援，必将在诸侯中丧失威信；若他们出兵，为救宋攻打鱼石一伙，我们就坐山观虎斗，见机行事。不管出现哪种情况，于楚国都无多大妨碍。楚共王认为有理，于是就采用此一计策。

鱼石一伙得到楚国的资助，当然很高兴，十分卖力，率军袭取了晋国通向吴国的必经之道彭城。宋成公派大夫老佐率军去夺彭城，被楚国截住，予以斩杀。宋国右师华元匆忙向晋国告急。晋国君悼公说：『昔日文公称霸就是从救宋开始，兴衰之机，在此一举。宋国有难，不可不救。』于是，晋悼公亲率大军救宋，又联合其他大小国之兵，要围攻彭城。楚闻知，知道不是对手，遂班师回楚。剩下鱼石一伙孤军驻守彭城，不几日便城破遭斩。壬夫的以敌攻敌『隔岸观火』之妙计即告完成。

『隔岸观火』并非都单纯『坐观』，给对手制造矛盾，令其同室操戈也不少见。

《三国演义》七十五回中写有：关羽擒了于禁，斩了庞德，又立即攻打樊城，曹操大为惊恐，甚而想迁都避祸。这时司马懿建议，派使去东吴陈说利害，令孙权暗暗起兵蹑云长之后，许以事平之日，割江南之地以封孙权。操依计行事，果然收到奇效，孙权为利而动，从关羽背后下手，樊城之危便烟消云散。又如十四回提到的『二虎竞食』之计，曹操为防刘备与吕布联合对付自己，便采纳荀彧的主意，以实授刘备徐州牧为饵，诱使他去杀吕布。事若成则刘备便无吕布为辅，事不成则吕布必杀刘备，曹操就可坐收『卞庄刺虎』之利。

『隔岸观火』与商战

在国际贸易竞争中，有些厂商亦深知此计妙用，他们一面强调一致对外，一面极力制造和利用对方国家的内部竞争，使自己从中获利。如日本在和我国的贸易中，成立了许多协会，凡出口商都参加本行业的协会，轮流做协会主席，以统一对我国谈判，消除内部竞争。而我国一些部门和企业却在外贸中缺乏统一管理和全局观念，“各自为战”，各行其是，结果小集体虽然“受惠”，而国家却蒙受很大损失，造成“大量肥水外流，荒了自家田园”的痛心局面。还有一些部门和企业，甚至互相倾轧，同室操戈。如上海某公司以每公斤6.8美元向欧洲共同市场出口糖精钠，由于市场较稳定，为国家赚得不少外汇。后来天津与江苏的某公司却想挤进去，争相压价，在天津某公司报价每公斤5.4美元后，江苏某公司压到每公斤507美元。外商“乱而取之”，很快和江苏某公司达成65吨的交易，从中获取10万美元的压价之利。同时，欧洲市场规定每公斤低于6.8美元要征“反倾销税”，又白送了一笔税金。与我国竞争的美国和韩国厂家，也乘机占据了有利地位。由此可见，对外贸易必须加强管理，统一步调，联合对外，努力克服“各自为政”、压价竞销、肥水外流的现象，不给外商以“隔岸观火”的可乘之机。

旧上海赫赫有名的『出租汽车大王』周祥生，在他崭露头角，特别是1931年以后，祥生公司的业务突飞猛进，中外车行之间的斗争集中表现在祥生公司与外商开的云飞公司两家，彼此明争暗斗，各不相让。一度祥生公司常接一些叫车电话，派车去却找不到雇车的人，甚而根本没有这个门牌号码，使汽车经常跑空，后来才知道是外商暗中捣鬼。当祥生公司内部发生劳资纠纷时，云飞公司总是乘机挑拨，推波助澜。如1934年祥生公司工人两度罢工，外商『隔岸观火』，幸灾乐祸，有一次甚至给罢工的工人送去50担大米以示『慰问』。后来有两名工人被祥生公司开除，云飞公司竟然慷慨接纳，其用心不言而喻。

第十计　笑里藏刀

『笑里藏刀』，原指表面和善而内心险恶，也就是口蜜腹剑、两面三刀的手法。在古典小说中多有记载。《旧唐书·李义府传》中有：『义府貌状温恭，与人语必嬉怡微笑，而褊忌阴贼。既处权要，欲人附己，微忤意者，则加倾陷。故时人言：义府笑中有刀。』《水浒传》第十九回：『吴用便说道：头领息怒，自是我等来的不是，倒坏了你山寨情分。今日王头领以礼发付我们下山，送与盘缠，又不曾热赶将去，请头领息怒，我等自去罢休。林冲道：这是笑里藏刀，言轻行浊的人！我其实今日放他不过！』唐代白居易《不如来饮酒》诗中也有『且灭嗔中火，手磨笑里刀』的诗句。『笑里藏刀』用在军事上，它是一种表面温和，借以麻痹敌人，暗中却加紧准备，等待时机，突然出动，一举歼敌的谋略。为了创造出敌不意、攻其无备的战机，常以政治、外交伪装来迷惑、麻痹对方。有的兵书写道：『敌人言辞谦逊，其实正在积极做战争准备；没有条约前来讲和的，定然不怀好意。』所以，凡是敌人的笑脸和花言巧语，都是使用阴谋诡计的征兆，是胸藏杀机的表现。

春秋时代，越王勾践被吴王夫差打败后，勾践为了复仇雪耻，忍辱称臣，侍奉吴王，献美女，纳厚贡，使夫差长期思想麻痹，骄奢淫逸，恣意享乐；勾践则卧薪尝胆，时刻不忘国耻，十年生聚，十年教训，励精图治，终于重新强盛起来，战胜吴国，实现了他称霸江东的宏愿。

三国时，东吴吕蒙偷袭蜀国荆州前，曾『托疾辞职』，让年轻的陆逊接替他的职务。陆逊一到任，便给关羽修书送礼，用谦虚、卑下的语言使关羽骄纵轻敌，从而掩盖东吴积极备战、待机进取的军事企图，一举夺得了蜀国的公安和江陵。

『笑里藏刀』与日常工作和生活

五代后汉时，有人向慕容彦超进献新鲜樱桃，不一会儿，樱桃就被仆役偷吃了。管事人发现后，当即报告慕容彦超。

慕容彦超想出一计，他把仆役叫来，假意安慰说：『你们哪里敢偷吃新鲜的东西啊！都是管事的诬赖，你们不用担心害怕！』

说着就赏赐仆役酒喝，给他们压惊。事先慕容彦超已偷偷地命左右的人在酒里放了药粉『藜芦散』，因此仆役们喝了酒以后，马上都呕吐起来，在吐出的东西中，就发现有新鲜樱桃屑。于是仆役们只得老实承认。

常言道：『突然遇到凶险的事，要斗智不斗勇。』有个外国男人以优厚的报酬到某大学请一位女大学生教他学汉语。这位女大学生自然乐于接受，欣然去到他住所。殊不知这人不怀好意，屋里只有他一个人，女大学生一进去他就把门关上，欲与她发生性关系。她愤然加以拒绝。这人人高马大强行施暴。这位女大学生见抵抗不过，软下来笑着说：『你给1000美元，行吗？』老外打手势表示可以，这位女大学生佯装亲切地与之接吻，在这一刹那间，猛然地将他舌头咬掉。这人惨痛惊叫，血流不止。这位女大学生马上开门跑出去报警，这人被擒。事后，有人问这位女大学生，你怎么想出这一高招？她说：『看过《三十六计》，受到启发。』原来她运用了其中『笑里藏刀』之计，乃得以摆脱这坏蛋的侮辱。

『笑里藏刀』与政治

在政治上，特别是在封建统治阶级内部，『笑里藏刀』更是屡见不鲜。在《东周列国志》中，最典型的事例之一是：公元前656年夏，齐桓公率八国军队击溃蔡国，与楚言和。从撤军前夕发生的一件事就可见一斑。陈大夫辕涛涂对郑大夫申侯说：联军来时经我们两国，吃穿由我们两国提供，撤军仍走原路，我们负担必然更重。倘能沿海边回撤，既可向莒、徐等邦显示力量，又可减轻我们负担。申侯认为是好主意，让他对齐桓公说后，果被桓公采纳。但不久申侯也觐见桓公，却说：军队长期风餐露宿，已相当疲劳，如绕沿海，恐为东夷阻挡，似属不妥。涛涂之计只为本国考虑，并非良策。齐桓公觉得申侯所讲更在理，气愤地说：涛涂险误我事。于是，下令将其拘禁，并将郑国险关赏给申侯。当涛涂被释放后，知是申侯从中使坏，便『以其人之道，还治其人之身』。他劝申侯在虎牢关建一座『美城』，并请诸侯帮助修建。待壮观的『美城』完工后，涛涂又向郑伯说，申侯建城是图谋不轨。郑伯本不满申侯，听此如同火上加油，遂加罪申侯，将他杀害。

在抗日战争胜利后，国民党当局准备夺取胜利果实，但因发动内战尚需时日，便施用『笑里藏刀』的手法，于1945年8月三次电邀毛泽东到重庆举行和平谈判。另一方面，却抓紧时间积极备战。中国共产党识破了他们的阴谋，但为了争取和平，派毛泽东、周恩来、王若飞由延安赴重庆与国民党谈判，并于10月10日签订了《国共双方代表会谈纪要》（《双十协定》）。这个纪要中，国民党承认了中共提出的和平团结的方针和人民的某些民主权利，承认了避免内战，两党和平合作建设新中国。在全国人民要求和平民主的压力下，1946年1月又召开了有中共和其他民主党派参加的政治协商会议，通过了一系列有利于和平民主的决议，并在1月10日发布停战命令。但国民党很快就撕毁了这些『协定』『决议』。在1946年上半年，国民党的军队对解放区的进攻有增无减，到6月26日，竟然发动了全面进攻，彻底地暴露出『假和平，真备战』的险恶目的。

在帝国主义发动的侵略战争中，使用政治伪装和外交伪装的『笑里藏刀』更不乏其例。如第二次世界大战期间，日本军国主义准备发动太平洋战争，为了麻痹美国，使其疏于防范，同美国开展了频繁的外交活动，进行了长达半年之久的『和平谈判』，装出一副笑容可掬、诚心诚意的样子。然而，一旦时机成熟就图穷匕见，于1941年12月7日（星期日）晨不宣而战，突袭珍珠港，击毁击伤美国太平洋舰队主要舰只18艘（包括战列舰八艘）、飞机260余架，给美国远东的海空军基地以毁灭性的打击。

『笑里藏刀』与商战

有一外国公司的总经理，为一重要生意，亲自飞往日本参加和一家日本公司的谈判。经过13小时的飞行，令人精疲力竭。总经理对随行人员说：『我现在最需要的是痛快地洗澡，然后美美地睡上一觉。所以下飞机后，咱们直接到旅馆。』不料一下飞机的舷梯，日本公司的一个年轻人穿戴十分讲究，热情地说：『我们公司的总经理已经为您准备好欢迎晚宴，现已恭候多时。请您一定赏光！』同时不停地躬身施礼，使人实在难以推却，这位总经理无可奈何，只好前去赴宴。

宴会不但酒菜十分丰盛，而且东道主表现得特别热情，所有负责人轮流劝酒，将其捧得晕头转向。这位总经理觉得这晚上确实过得痛快，所以直到深夜才和随行人员返回旅馆休息。

次日一早，总经理还在睡梦之中，日方便来敲门，说日方的谈判代表已经等候多时了。于是这位总经理匆忙地洗漱、穿戴完毕，来到谈判桌前。此时，日方的谈判代表精神焕发，双眼有神，头脑清醒，口齿伶俐，而这位总经理和随行人员还酒醉未醒，满脸倦意，结果在对方凌厉的攻击下败下阵来。

用酒宴招待客人，并非都有恶意。日本这家公司在谈判前安排这席『盛筵』却类似『鸿门宴』，他们在表面上装出的笑脸，暗藏着『杀机』，虽不致置人于死地，目的却也是要诱使对方陷于失败。

在国际贸易中，有的外商也常用此种手段，把他们叵测的用心掩盖于微笑的外交活动之中。如有些日本企业的经营主管人，在接待外国公司的经销人员时，与一般美国经理『待客』的风格迥然不同，不是拒而不见或者一般化地应付了事，而是热情接待，嘘寒问暖，其目的在于套取对方情报。

第十一计　李代桃僵

『李代桃僵』语出《乐府诗集·相和歌词·鸡鸣篇》：『桃生露井上，李树生桃旁。虫来啮桃根，李树代桃僵。树木身相代，兄弟还相忘？』其本意是比喻兄弟互爱互助，后转为比喻相互顶替或代人受过。

原计是说：当局势发展到必受损失时，为了使劣势转为优势，就应『损阴以益阳』，即牺牲局部，保全大部，以小的代价换取全局胜利。象棋对弈中的『舍车保帅』『弃子入局』就是此计的运用。『李代桃僵』运用在军事上，一般是指在敌优我劣或势均力敌之时，要善于筹算，用小的损失换取大的胜利。即用劣势的兵力防御优势的敌人，以达牵制、抑制的目的，为全局取胜提供有利条件的一种谋略。

战争是敌我双方力量的竞赛，通常是占优势的一方获得胜利。但在战争史上，以劣胜优、以弱胜强的战例也时有所见。必须懂得力量的优劣固然是决定主动或被动的基础，但是主动或被动的实现，需要通过主观能力的竞赛。战争中，主动与被动并非一成不变，在一定条件下是可以相互转化的。主观指导正确，可以化劣势为优势；反过来主观指导错误，也可以化优势为劣势，从而一改作战前的双方形势。

《东周列国志》第八十八回记述，孙膑见田忌与齐王赛马，因马力不及，输了好些钱。有一天，田忌引孙膑到赛马场观看他与齐王赛马。孙膑发现，他们的马力，彼此间相差不大，上马对上马，中马对中马，下马对下马，当然会失败。于是向田忌献策：用下马对上马，上马对中马，中马对下马，可以稳操胜券。田忌采纳了孙膑的计策，在次日比赛中果以两局优势、一局劣势获胜。孙膑的决策，不仅一般地计算出双方马力的优劣情况，更主要的是提出以一定的代价（一负）换取大的胜利（两胜）的以劣势胜优势的思想，也就是为田忌选定了稳操胜券的最优决策。这是一种以定性为主要内容的古典式军事运筹思想，是军事家特有的谋略，并非一般常识能推测的。

『李代桃僵』与日常工作和生活

唐代的文学家陈子昂，少年时博览群书，才学出众，初到京都长安时，却不为人们所知，当时他为了扬名上进，也曾用过『李代桃僵』之计。一天，有人卖一胡琴，要价百万，豪绅贵族虽争相传看，但无人能识其优劣。这时，陈子昂出现在众人面前，看了一下即对卖琴人说：『跟我到家取钱，琴卖给我了。』

众人惊问他为何不惜高价购买，陈子昂说：『我善于演奏此种乐器。』大家问：『能听你演奏吗？』陈子昂答：『明天大家可会集于宣阳里，听我演奏。』次日，众人如期前往，陈子昂已备好酒菜，将胡琴摆在桌前。饭后，陈子昂说：『我是陈子昂，四川人。作有文章百卷，驰走京城，碌碌尘土，不为人知。此乐为乐工所奏，我岂能有兴趣？』说罢，举琴一摔而碎。然后将自己的文章逐人赠送。这一来，他的名字很快传遍京城。后来他成为唐代诗歌革新的先驱，对唐诗的发展颇有影响，留下了『前不见古人，后不见来者，念天地之悠悠，独怆然而涕下』（《登幽州台歌》）等高古清峻的诗章。

鬼谷子有两个学生：一为庞涓，一为孙膑。一天，为了考验两个学生的机智韬略，鬼谷子蒸了五个馒头，让二人取食。规定每次最多只能取两个，将取得的馒头全吃完后，才能再取。最后看谁吃下的馒头多就算优胜。鬼谷子刚把五个馒头端出，争强好胜的庞涓就抢先取两个馒头放在手里，大口大口地吞食。孙膑见此情景，不慌不忙地只在笼屉上拿起一个馒头吃了起来。庞涓虽然吃得很快，但在他手里还剩下半个馒头的时候，孙膑已吃完手中的一个馒头，拿走了余下的两个。结果庞涓只得认输。

在庞涓取两个馒头之时，孙膑只取一个，似乎是处于劣势。但孙膑用暂时的劣势，争取到第二次拿馒头的时间，获得了最后的胜利。这就是『李代桃僵』，以眼前的暂时的利益换取了长远的利益。

晚唐时，沙陀部落酋长李克用出生时即一只眼睛失明。但他骁勇善战，人称『独眼龙』。他曾邀请画家孙源为其画肖像，并说：『如果画得不中我的意，我就使你死在阶下。』

画家想了想，画成一幅右臂执弓、左手搭箭，歪着头，闭着一只眼，好像正在全神贯注校正箭杆是否对准靶心似的。这幅画一则表现了他的威武神态，一则掩盖了他一只眼睛的缺陷，李克用见了满心欢喜。

因此，孙源得到优厚的奖赏。

『李代桃僵』与政治

自有战争以来，作战双方总要进行一定的运筹、计算。《孙子·计篇》中指出：『多算胜，少算不胜，何况不算乎！』意思是说，计算周密，胜利的条件多，可能取胜；计算不周，胜利的条件就少，不能取胜；不进行计算而盲目行动，那是不可能取胜的。北宋李允防御辽国南侵的办法，就是用心思『算』出来的。

雄州（今河北省雄县）是北宋与辽国接壤的边境城市，其北郊居住着不少宋朝的百姓，因无城墙环护，难防辽方刺探军情，侵扰蚕食。北宋有意扩筑北面城墙，又恐辽国借机寻衅。主要是当时军力对比辽强宋弱，边防稍有疏忽，就可能引起外敌入侵。肩负着雄州边防重任的地方长官李允，多方筹算，想出一条计策：他先用白银铸了一个大香炉，放置在北郊庙内，故意不派人守护。不久，白银香炉便被人盗走。于是李允便『借题发挥』，四处张榜，悬赏缉拿窃贼。结果，虽然闹得满城风雨，但盗窃银炉案件始终没有破获。在这种舆论的掩饰下，李允趁势征集民夫，紧急修筑北城，不数日就完工了。当辽方醒悟过来时，雄州北城『早已森严壁垒』，无法借口寻衅。这一来，辽国再也不如过去那样『方便』了。李允巧妙地以白银大香炉换来了『胡人不敢南下而牧马』的大好形势，『算』得好，的确是以『小损失』换得了『大胜利』。

『李代桃僵』与商战

在商场中运用『李代桃僵』，目的是趋利避害，而权衡利害孰轻孰重，并非易事。简单的还可以凭直觉去辨别，复杂的就需要依据从各种途径所掌握的材料、数据，经过周密的运筹计算，方能辨明利害轻重，筹划出切实可行的最佳方案。决策总是带有一定风险的。古人说：『十算以上为多算。』因此，有百分之六十的把握就可以做出决断，付诸行动。

洛阳拖拉机厂原来生产的『东方红54』拖拉机，在农业实行承包经济责任制以后，销路减少了，面临着是否需要改产，如何确定扭转被动局面的决策问题。有的主张仍然生产老产品，认为将来还有销路；有的主张生产12匹马力的四轮拖拉机，它既能耕田地，又能跑运输。但反对生产这两种产品的人认为，都已经有几家生产了，不能再上。该厂领导经过全面筹算，认为生产上述两种产品有60%的可行性，于是采用『李代桃僵』之计，上了这两种新型产品。事实证明，这个决策是正确的，新产品销路很好，一举扭转了该厂的被动局面。

四川宝元通百货公司在1920年创办时只是个小铁锅铺，资本仅有银圆840元。由于经营有方，到1950年的30年间增资4000倍。其经营范围，既有商业百货公司，又有茶叶、皮鞋等工厂。其营业机构也扩展到外省市。在抗战胜利前后，还在印度、中国香港设了贸易分支部门。宝元通在发展过程中不乏用『李代桃僵』之计。例如1927年，它在川南江安开始设立美明油行，经销美孚洋行的煤油时，由于用户不普遍，加之美孚洋油灯的耗油量大，推销颇感困难。为打开销路，使其适合广大农村用户的需要，宝元通就用了『李代桃僵』的招数，特地派了专人到重庆订制各种精美的省油灯，然后运回去赔本贱卖。于是，卖出一盏省油灯，就增加了一家用油户。这一来，从根本上开辟了煤油的销路，『小破费』换来了『大赚钱』。

第十二计 顺手牵羊

此计原出《草庐经略·游兵》中『伺敌之隙，乘间取利』，《登坛必究·叙战》中『见利宜疾，未利则止。取利乘时，间不容息，先之一刻则大过，后之一刻则失时也』。其他如《李卫公问对·卷中》也有『伺机捣虚』之说。『顺手牵羊』本比喻乘便拿走别人的东西。作为计策，即发现敌方有漏洞就及时利用，从中获取利益。犹如顺便把别人的羊牵走一样，收获虽然不大，但『得来全不费工夫』。在军事上，它是一个伺隙捣虚，捕捉战机的谋略。其实质在于乘『隙』取『利』。古人有云：『善战者，见利不失，遇时不疑。』所以，用兵作战，要像《鬼谷子·谋篇》中所说的『察其天地，伺其空隙』。

原解中所谓『微隙』，一般是指敌方突然暴露出的弱点；『微利』，多是尚未考虑到的对我方有利的积极因素，它有着来之顺路、夺之顺手、赢之顺时的特点，指挥员可以审时度势，灵活处理。但值得注意的是：到底是不是『微利』，应该辨明真伪；属不属『必得』，亦应从全局考虑。千万不可轻率从事，见『利』忘『本』，不顾后果，一心『必得』，以免因小失大，落得个『赔了夫人又折兵』的可悲结局。

『顺手牵羊』，多指以小股兵力，钻进敌人心脏地带，神出鬼没地予以打击，得心应手地获取胜利。

三国时魏蜀决战，足智多谋的邓艾率轻兵开山辟路，『自阴平行无人地七百余里』，直捣蜀国心脏——成都，结果使姜维的六万兵马无用武之地，终于导致西蜀政权的灭亡。『顺手牵羊』也有乘敌空隙向其薄弱处发展，应手得利之意。

『微利』不可轻视。《管子·形势解》中有云：『海不辞水，故能成其大；山不辞土石，故能成其高。』

《三国演义》中的两个故事便是其最好的说明：一个是曹操与马超在渭水相持，因无险要地形可以凭借，且马超不断往返冲击，曹操一直建不起营寨，心中甚为忧虑。后采纳荀攸和一隐士的建议，令几万士兵，取渭河沙土，利用严寒，运土泼水，一夜之间竟筑起一座营垒。另一个是诸葛亮南征至三江城下，敌据城坚守，首攻失利。后诸葛亮心生一计，传令士兵：『每军要衣襟一幅，限一更时分应点。无者立斩。』至初更又传令：『每军衣襟一幅，包土一包。无者立斩。』后再传令：『诸军包土，俱在三江城下交割，先到者有赏。』于是十万蜀兵皆抱土飞奔城下，并将士一齐倒下。瞬间，积土成山，接连城头，然后一声号令，蜀兵纷纷登到城上，迅速攻占了三江城。由此可见，『顺手牵羊』，不拒『微利』，积少成多，运用在军事上确实大有裨益。

1951年1月，志愿军占领汉城附近的高阳地区，美军退却时，照旧让英军垫脚，其中有一个英军坦克营掩护撤退。敌军31辆重型坦克，在3日夜晚，闯进我军埋伏圈，展开一场恶战。在这场反坦克大战中，爆炸手李光禄一人连炸了3辆坦克。

炸毁两辆坦克后，李光禄却被震得晕了过去，等他醒过来时，已经没有炸药了。前面有一辆坦克正在喷着火，而是走走停停，爆炸手们炸了两次但摸不清它什么时候走什么时候停，不知道炸药放哪里好，都未炸着，还烧伤了两个爆炸手。

这时，我军的炸药和反坦克手雷都用尽了，眼看敌人坦克就要突围，大家干着急，没有办法。此时，敌坦克来到了李光禄的附近。李光禄一摸衣襟，摸到了掖在口袋里的4枚手榴弹。

手榴弹能炸坦克吗？100毫米厚的钢板碰到手榴弹只能像挠痒痒。但坦克近在眼前，李光禄已经来不及思索，躬身绕到坦克前，紧贴在地上匍匐前进，借着夜色掩护自己。突然，敌人的坦克里又飞出两个火团，在他右面燃烧起来。借着火光，看清坦克正面有一个圆的和一个30厘米长、20厘米宽的矩形孔。坦克在向左移动，便随坦克并行前进。

这时，李光禄几乎挨着坦克的车轮，遂用『顺手牵羊』之计，把手榴弹的拉弦咬断，将其从敌坦克的矩形孔里突然塞了进去。不一会儿，忽然从里面喷出一团火，一冒十来米高。他又把身上剩下的两颗美式手榴弹一起塞进去，坦克周围立刻成了一个巨大的火球，这辆威风不可一世的坦克终于也被摧毁了。

『顺手牵羊』与日常工作和生活

有一男士，体形肥大，买不到现成的合身衣服，经常要到服装店订做。一次他来到一家服装店，老板热情接待。经过讨价还价，老板给予最优惠价格。老板量好尺寸，并开好发票，这笔生意就算成交。不料，此人突然要求老板免费赠送一条领带，否则，到另一家店铺加工。老板很恼火，但又想，已经谈成的生意不能因小而失大，于是这人得到领带，高兴地走出了店铺。

这位男士的主要目的是以最优惠的价格做一套合身的衣服。当其达到目的之后，又借机威胁索取一条领带，此乃『顺手牵羊』之计，属于微利必得。

『顺手牵羊』与政治

『顺手牵羊』也可用于政治领域。明世宗朱厚熜，在紫禁城西修了万寿宫作为他斋戒之所，不久因发生火灾烧毁。世宗因自己修道不宜接近宫中后妃，令工部尚书雷礼重建万寿宫。雷礼委托了管理监督百工很有才智的徐杲负责经管。徐杲果然不负重任，巧用『顺手牵羊』之计：对所需要的钱粮和材料都从工部衙门营缮司中提取，修台基用的木料取自西二厂原来储存的木料，砖瓦就以原万寿宫的旧料，稍加整理继续使用，并未向各省摊派。工程所用人力，就以停止操练的军人充当，不时给他们些犒赏，同时还雇募京城的乞丐来充任，借以接济他们。因而这项工作进行顺利，朝廷内外未受骚扰，军队都踊跃参加，万寿宫建成后徐杲被升为通政侍郎，后又接任工部侍郎。

『顺手牵羊』与商战

『顺手牵羊』即为顺手行事之计。顺手行事，讲的是抓时机，练胆量，早出手。

名闻全球的『刀片巨人』吉列，原本是一个推销员。有一次，某顾客向他建议：只要能发明一种用过便扔的小商品，就能让顾客不断购买你这种东西，这样，钱就像流水般地向你涌来。这一席话拨动了他的心弦。从此，吉列每晚总是独坐在沙发上，边喝咖啡，边冥思苦索。有一次他用刮刀剃须突生灵感，决定研制一种新剃须刀。经多次研究改进，他终于制成了安全、锋利、方便、一次性使用的『吉列剃须刀』，经过一段时间的努力，开辟了广大市场。此后，他又经营过除臭剂、美发剂、打火机等『用过就扔』的小商品，终于跻身于世界企业家之列。

当复印机面世初期，单机售价4000美元，多数公司都舍不得买。哈洛德公司却想出个主意：不卖复印机而搞复印，每张5美分。这样积少成多，积小利而成大利，超过了卖复印机的效益。现在市场上经营彩照扩印、出租相机等都是采用的这种策略。

在激烈的市场竞争中，这些经验无疑是个重要启示，特别是对那些财薄力单的中小企业来说，倘能采取拾市场之遗，补消费者之缺，生产一些赚钱虽少而销路广阔的商品的策略，必将出现『柳暗花明又一村』的新局面。

此外，有人用『顺手牵羊』的手段窃取科技样品。例如某年，有一批外国客人，根据协定到我国某厂进行例行的参观访问。参观时，有位外国客人转动了一下身体，他的领带松了并在胸前飘动一下，领带末端『不小心』沾到了试验员桌子上的一盘溶液，他赶快把领带夹好，若无其事地继续参观。其实，他的领带帮助他弄到了盘中溶液的样品。但他的举动被一位细心的女服务员看到。当参观结束时，这位外国客人正心满意足地走出实验室，一位女服务员拿着一条新领带，彬彬有礼地对他说：『先生，您的领带脏了，请换这一条吧！』这位外国客人无可奈何地把领带换了下来。这种『顺手牵羊』的间谍行动，如果没有女服务员的警惕和机智，是很容易得逞的。

第三章 攻战计实操运用

第十三计 打草惊蛇

此计语出段成式的《酉阳杂俎》：南唐当涂（今安徽省怀远县东南）县令王鲁，贪赃枉法，搜刮民财。一天，百姓联名投状告发其主簿贪污受贿。王鲁见了状子十分惊恐，害怕自己的贪污行径被揭露，竟然不由自主地在状子上批了八个字：『汝虽打草，吾已惊蛇。』后来人们把它简化为『打草惊蛇』。这个成语，原意是打击甲，却惊动了乙。比喻做事不密，反而引起对手警惕。『打草惊蛇』用在军事上是发现暗藏敌人的一种谋略。例如用火力侦察，发动佯攻，迫使敌方暴露兵力部署与阵地设置等目标，借以达成察明敌情并击败敌人之目的。从计的原来解语看，有『观彼动静而后举』的意思，计名颇为牵强。

在一般情况下，战斗虽然已经打响，但在敌军主力尚未暴露之时，千万不要粗心大意，贸然行动，而应当仔细侦察，认真搜索，切实弄清敌方虚实，以防堕入陷阱。《孙子·行军篇》中说：进军道路上，遇有险阻、沼泽地、芦苇、树林、野草丛生的地带，要谨慎地反复搜索、侦察，因为这都是敌人有可能设下伏兵的场所。历史上由于没有做到『疑以叩实，察而后动』，而是粗心大意，轻举妄动，结果吃亏上当的战例并非少见。

《左传》中记载，公元前627年，秦发兵袭郑，老臣蹇叔劝阻秦穆公，陈述了『劳师以袭远』、不可取的理由，但秦君固执不听。出师时，蹇叔哭送，并警告孟明视：途经崤山（今河南省三门峡东南），须警惕晋军袭击。然而孟明视骄纵轻敌，袭郑未逞，回师过崤山时，不察敌情，不重视蹇叔忠告，只是分兵四队继续前进；在前队击退晋小股伏军后，并未警觉，及时采取防范措施，仍向险峰峡谷中前进。待陷入敌伏击圈，见前面有敌旗飘扬时，孟明视竟贸然下令放倒敌旗继续前进。当旗一落，顿时晋国伏兵四起，杀得秦军片甲不留，主帅孟明视也成了俘虏。

运用『打草惊蛇』之计，通常是用『打草』来『惊蛇』，以便弄清敌情，采取相应的行动，达到『引蛇出洞』，聚而歼之的目的，也就是先用佯攻或助攻的战术，使敌主力暴露，被迫出战，而后集中我优势兵力，歼敌全部或大部。

在1982年发生的黎巴嫩战争中，以色列军曾妙用『引蛇出洞』之计，给予叙利亚防空导弹基地以毁灭性的打击。为攻击部署贝卡谷地的叙军防空导弹基地，以军先用无人驾驶飞机飞临上空，引诱叙利亚雷达开动并发射导弹，使被攻击的目标自行暴露，随后用特种飞机强烈干扰叙军的雷达、导弹，使其制导失灵。紧接着，以色列空军机群的空对地导弹，暴雨般地倾盆而下，仅用了6分钟，就把叙军的防空导弹基地彻底摧毁了。这就是以色列军队巧妙地运用此计，以无人驾驶飞机『打草』，诱使其雷达、导弹阵地暴露，待『蛇』一『出洞』，便骤然袭击，『聚而歼之』所收的奇效。

『打草惊蛇』与日常工作和生活

在日常生活中，『打草惊蛇』之计颇为常见。南唐赵王镇守江西时，一次，有位算卦先生刘寅，自称能一眼分辨出众人的贵贱。赵王不信，就让几个歌女与他的夫人滕国君站在一块，穿戴打扮完全一样，让刘寅来分辨。这位算命先生走进来稍做观察，然后说：『国君夫人头上有一团黄色的云，这还不容易辨认？』话刚出口，几个歌女都不自觉地抬头看国君夫人的头上。于是刘寅立即指出，几位歌女所注视的那一位就是滕国君。其实这位算卦先生之所以能够准确判定，并非他掐会算，而是他善于运用『打草惊蛇』的谋略。

传说中有一个十五六岁的孩子，异常聪明，双亲早丧，只有一叔父。他见其叔父愁眉苦脸，上前问是什么缘故。叔父告诉他是因为自己还没有儿子，想娶妾生儿子，但妻子不许可，因而愁闷。他想了一会儿，便对叔父说：『叔父，您不要忧虑，我有办法使婶母答应。』

次日早晨，他取一把尺子，在叔父的房子里反复度量，并故意弄出声响，引婶母出来。

『你在这里干什么?』她问。

『量地。』他冷漠地答应，依旧度量。

『什么?量地!』婶母大声问：『我的地方干你什么事?』

他把手掌拍一拍，在裤上揩一揩，理直气壮地对她解释说：『婶母!我不是好管闲事，而是先做准备哩!你和叔父的年事已高，又没有儿子，将来万一百年归老之后，这房子一定归我继承了。所以我现在把房子量度好，准备日后改建……』

婶母听后，又急又气，跑回房里去，摇醒丈夫，催他赶快去找个妾侍回来!

这故事中所述，正是『打草惊蛇』的妙用。

『打草惊蛇』与政治

东汉末年，徐庶是才智过人的谋士，与当时的司马徽、庞士元、诸葛亮等人齐名。徐庶闻刘备宽厚仁慈，是贤明之主，很想向其投靠，但不知刘备是否像人们传说的那样，所以想加以试探。

一日，徐庶见刘备正在专心致志地欣赏自己的战马，便上前对刘备说：『我以前学过相马之术，让我来看看您的马。』于是刘备命人把战马牵来，驱使其在徐庶面前溜跑几趟。徐庶故作惊讶地说：『您的马虽是千里马，却对主人不利。』刘备笑着说：『死生都是命里注定的，与马有何关系?何况檀溪遇难之时，是它救了我的命。』徐庶说：『这马终究要害死一人，可以把它送给您所痛恨的人，等到这人死了以后您再骑，就不会有事了。』

刘备很不以为然地说：『我希望先生告诉我大道理，而您现在却教我害人之事。我实不敢领教。』徐庶说：『我一直听人传说明公仁德，但还不怎么相信。今天特意用这番话进行试探，明公果然如众人所传颂。』从此徐庶便留在刘备身边辅佐刘备，以后还为刘备推荐了足智多谋的诸葛亮。

徐庶在对刘备不了解的情况下，采用了试探的手段，诱使其暴露出真实品德，这也是『打草惊蛇』具体运用的策略。

春秋时，楚成王（熊恽，公元前671—前626年在位）优柔寡断，特别是在立太子的问题上更是拿不定主意。他先把商臣立为太子，不久，又想改变主意，立职为太子。正在犹豫之时，被太子商臣察觉，但不知其父是否确有另立太子之意。如其不尽快了解真情，难以采取对策。这时在其老师的策划下，想出妙计。

一日，商臣设宴招待其姑母、楚成王的妹妹江芈。在宴席之间故意表现出对她不尊敬，加以激怒。江芈十分气愤地说：『怪不得兄王要把你废掉，立职为太子，原来你是个不争气的东西。』

商臣从江芈口中，证实父王有意要废掉自己，便策划了一次宫廷政变，逼迫成王自杀，从而夺取了王位。

商臣对楚成王要废除自己的意图有所察觉，又不能直接询问，故用『打草惊蛇』之计，激怒江芈，使之在控制不住情绪时流露真情。

『打草惊蛇』与商战

在商场中，企业在开拓市场、谋求发展上，用此法能了解直接观察无法了解或难以判断的情况，有助于做出正确的决策。比如，某种产品或服务在国外市场已经有了，而且很活跃，本企业希望在国内或本地区生产这种产品，开展这种服务，现在要判断这样做是否合适？其有效方法之一就是『疑以叩实，察而后动』。

云南化工配件厂于1980年初，见上海有色金属焊接厂很『吃香』，省外铝制品获利率也很高，因而提出了在云南开展有色金属焊接对外服务，能否像上海有色金属焊接厂那样『香』起来存有疑问。为此，该厂使用了『打草惊蛇』，进行『火力侦察』：登出广告，宣布愿意洽谈有色金属焊接业务。广告如同一颗问路石子，立即引起反响，许多企业和供销社纷纷登门洽谈，一时『门庭若市』。面对市场有如此热烈的反响，该厂迅速拍板组建有色金属焊接车间，正式对外开展服务。这个仅22人的车间1980年就获纯利7万元，第二年又盈利10万元。这就是《孙子·虚实篇》所说『作之而知动静之理』，用今天的话讲，就叫『火力侦察』。这种方法，还可以用于新产品试制、试销的过程。比如，有计划地生产一批产品到外地乃至国外，定点投入市场销售，通过观察用户对该产品有关质量、规格、价格的反映，并进行购买愿望的预测，再对本企业是否需批量生产、生产多少为宜做出决断。

贵州茅台酒进入国际市场，名扬四海，运用的就是『打草惊蛇』之计。茅台酒在国内早负盛名，但在一次世界性的评酒会上，由于装潢简陋，其貌不扬，各国的『行家』都不屑一顾，未予品评，眼见就有名落孙山的危险。这时，我国参加评酒的有关人员，虽然心中很不是滋味，但冷静分析，知道是这些『行家』以貌取『酒』，没有『疑以叩实，察而后动』，致使判断失误。针对这种情况，我国人员急中生智，妙用了『打草惊蛇』之计，故作失手，将一瓶茅台酒打碎在地，顿时酒香四溢，举座皆惊，众『行家』异口同声地称赞：『好酒！好酒！』尤其在品尝之后，更觉回味无穷。从此，茅台酒一举登上世界名酒前列，誉满全球，经久不衰。

第十四计 借尸还魂

『借尸还魂』，语出《岳伯川（铁拐李）四》：『多亏了吕洞宾师父救了我，着我还魂，被你烧了我的尸骸，着我借东关里青眼老李屠的儿子小李屠的尸首，借尸还魂。』《碧桃花》第三折也有『（真人云）谁想有这一场奇怪的事，那徐碧桃已着她 借尸还魂 去了』的语句。比喻已经消亡或没落的思想、行为、势力等假托别的名义，以另一种形式重新出现。

在列国争雄和诸侯割据的形势下，一些有见识的军事家，为争取实现军事战略目标，往往打着前朝的旗号，使自己出师有名，顺应人心，具有号召力。

三国时，刘备在夺取天下中，就常借用『大汉皇叔』这一宗族关系，以『恢复汉室』的名义来争取天下人士的拥护。曹操对此也颇重视；他在壮大军事力量的同时，采纳了毛玠『奉天子以令不臣』的建议，把汉献帝牢牢地掌握在自己的手中，借汉皇之名，行自己之实，这对于鼓舞军心，起到了积极作用。这就是『借尸还魂』在军事上的通常用法。有的是利用在出兵援助别人时，趁机控制或者占领其地盘，借以扩展自己的实力，谋求更大的发展。如赤壁之战以后，曹操率兵攻汉中张鲁。益州刘璋集团，正值内部矛盾尖锐，外受孙吴、曹魏之威胁，只好向同宗的刘备求助。刘备借此良机，领兵入蜀，占领了『沃野千里』的益州，为建立蜀国大业奠定了基础。

由此可见，『借尸还魂』一般是在被动或面临败局的情况下，利用一切可以利用的条件来扭转局势，争取主动，用以实现自己的既定意图的一种谋略。它作为一种『借不能用者而用之』的计谋，关键在善于『借尸』。但处在不利的情况下，是否有可借之『尸』，指挥者必须头脑清晰，目光敏锐，善于识别，巧于利用。

政治上、军事上如此，体育方面如此，经济上也如此。

『借尸还魂』与日常工作和生活

东晋陶侃生性认真，勤于政事。他任荆州刺史时，令修造船只的官员把锯下的木屑全都收存起来。官员们不解其意。后来，元旦雪后转晴，官府治理政事的大堂台阶很湿，不便行走，于是他便让人用木屑全部盖上，走时毫无妨碍了。官府用竹，他让人把截下不用的竹头全部收起来，不几年竹头堆积如山。后桓宣武（桓温）举兵攻打后蜀，要组装船只，这些竹头全都用来做竹钉，派了『大用场』。陶侃这些『借不能用者而用之』的事例，同他一生勤勉、『惜分阴』的精神一样，在后世广为流传。

宋代赵开实行了全国通用的钱引（纸币）后，百姓感到很方便。有一天，官员查获了伪造的钱引共三十万，参与伪造的盗贼五十人。宰相张浚想按法律判处死刑，赵开说：『相公，这些钱引固然是伪造的，在上面加盖上官府的印鉴不就变成真的了吗？这些人可以在面颊上刺上字，然后让他们制造钱引。这样相公在一天之内就获得了三十万钱，同时又存活了五十个人。』张浚称赞他这主意很好，便听从了他的意见。

『借尸还魂』与政治

东汉虞诩清剿土匪曾用此计。汉安帝时，朝歌（今河南省汤阴西南）土匪数千人，一度攻占县城，杀死县长，十分猖獗。于是任命虞诩为朝歌县长。虞诩到任前，先去谒见河内（今河南省信阳）太守马棱，希望给他自主权，能放手行事。到任后就下令招募壮士，要求县属官员，都推荐自己所知的人选。其中曾进行攻击劫掠者为上等，曾伤人、偷盗者为二等，居民不务正业者为下等，共收得壮士百余人。虞诩设宴款待这些人，并全部赦免其以往罪行，让他们混进匪群，诱使土匪出动打劫。预先埋伏下兵丁，等待土匪一到，伏兵齐出，杀死了数百土匪。虞诩还派遣会裁缝的贫苦人，受雇为土匪做衣服，用彩色线在衣襟上缝上标记。只要他们一上街市，官府就按标记抓人。因此，土匪人心惶惶，终于溃散。虞诩在特殊情况下采用特殊的『借尸还魂』计策，收到了实效。

诸葛亮早在隆中对策中，就提出应以荆州为根据地。所以孙刘联合，在赤壁交兵战败曹操之后，刘备就抢先占据荆州。由于荆州原为刘表之地，刘备初来乍到，对当时的混乱局势一时无法控制。这时名士马良便对刘备说：『主公如果举荐刘表之子刘琦做荆州刺史，荆州人就一定归顺。因为刘表是荆州的故主，刘琦又是其长子，子承父业，名正言顺，荆州百姓自然心悦诚服，孙吴更没有索要荆州的借口。』刘备觉得有道理，于是上表推举刘琦做荆州刺史。此后，荆州的形势果然安定下来。及刘琦病死，刘备自任荆州牧。

刘备因为刚入荆州，立足未稳，自己无力控制局面，所以借用刘表所废弃的继承人刘琦，以收取荆州人的心。刘备借用的只是刘琦的名义，而要达到的目的则是长期占据荆州。一旦自己根基巩固，所借之物即失去了作用。

『借尸还魂』与商战

『借尸还魂』在商战上的运用，就是借他人抛弃不用的，独具慧眼而用之，从而独家经营，赚大钱。

河南省唐河县古城乡的乡镇企业，就是以『借不能用者而用之』，抓住一些不起眼的猪毛、兔毛、羽毛和皮毛（包括羊皮、狗皮、黄鼠狼皮），大做『借尸还魂』的文章而发家致富的。近几年，农村畜禽发展快，开展羽毛、皮毛的收购和加工，技术简单，不用油，不用电，有条口袋就能干。于是，该乡从1985年开始，将全乡26村分为4片，每片选一『中心村』，确定收购加工的产品。两年多来，该乡有5000多劳力投入了『四毛』收购和加工。他们采取捡和收购相结合的办法，除在本地走乡串户，还远到十多个省的城乡。短短的两年时间，古城乡已经有4000多户发了『毛』财。井楼村有500多人经营兔毛，先后办起了贸易货栈13个，兔毛加工厂9个，收入上万元的已达35户。

『借不用者而用之』和日本『水泥大王』浅野水泥公司的创建者浅野总一郎颇有渊源。他在23岁穷困潦倒之时，为谋生计，便从故乡富士山来到东京。因身无分文，又找不到工作，一度每天都陷于半饥饿状态之中。有一天，他发现有个水泉，已挨饿两天的他就俯身手捧泉水用以充饥，一喝觉得这水非常清凉可口。『干脆我就卖水吧！』这样，他就在路旁摆摊，开始了卖水的生涯。当时，生财工具大部分是捡来的。两年间，他不仅不再挨饿，而且赚了一笔为数不少的钱。于是，浅野又开始经营煤炭零售店。当时的横滨市长听到他很会使无价值的东西产生价值，就召见他说：『你以很会利用废物而闻名，但是我想，人的粪便你是没法利用的了。』浅野说：『只收集一两家粪便不会赚钱，但是收集成千上万人的大小便就会赚钱了。』并提出建公共厕所的具体方案。这样，浅野在市里设置了63处日本最初的公厕，因而他也成了日本公厕的始祖。厕所建好后，他把收集粪便的权利，以每年4000元的代价转让给别人，两年后设立了一家日本最初的人造肥料公司。『水泥大王』的发家致富就是靠的『借尸还魂』这一招。

更有甚者，竟然借『落后』之『尸』，出卖『落后』致富。这一计谋，乍一看可能使人大惑不解：『落后』焉能出卖呢？但一明白就里，便会拍手称妙。原来，日本某地有一小山村，山路崎岖，几乎与世外隔绝，几十户人家仅靠少量贫瘠的山地过日子，生活极为困苦。全村人虽然也想脱贫致富，却一直苦于无计可施。一天，村里一长者召集全村人，语重心长地说：『如今都是什么年代了，咱村的人还过着和原始人差不多的生活，我们深感内疚和痛心！不过，大都市里的人过着现代化生活的时间长了，一定会感觉乏味。咱不妨走点回头路，干脆过原始人的生活，利用咱的落后，出卖这落后，也许会招徕许多城里人，咱们呢，也可以借此机会做生意赚钱。』这一计谋博得全村人的喝彩。从此，全村人开始模仿原始人的生活方式，在树上搭房，穿树叶编织的衣服……不久，日本新闻界惊奇地发现并报道了这个过着『原始人生活』的小山村。此后，成千上万的人慕名而至，参观者络绎不绝……小山村的人趁机做各种生意，终于富裕起来了。

在我们炎黄子孙中不乏杰出的企业家，他们眼光长远，不畏困难，搏击风云，在逆境中求生存，求发展。『橡胶大王』陈嘉庚就是其中的佼佼者。20世纪初，他在新加坡先经营罐头厂，继而投资经营橡胶园。到20年代初，由于种植橡胶本轻利重，英商、日商蜂拥而来，胶园遍布南洋，市场供过于求，陈嘉庚的胶厂也发生亏损和部分停产。但他并不退缩，而是面对现实，冷静分析，思考对策。认为橡胶用途广阔，其市场萧条只是暂时现象。于是，他做出大胆决策，来个『借尸还魂』：在人们纷纷出卖胶园、胶厂之时，他把这些胶厂承接过来；到马来西亚等地以40多万元的代价买下9个厂，并扩充其设备，『借不能用者而用之』。同时，对自己原有厂也进行修整扩充，还扩大了橡胶熟品制造厂（原只英商独有）。果然，1922年11月，橡胶业恢复了生机，陈嘉庚获得了巨大的成功。随后，他进一步扩大生产，组织托拉斯，在世界许多地方设推销商店。1925年底，他的公司成为南洋最大的联合企业公司，他成了南洋百万华侨公认的领袖。

第十五计 调虎离山

『调虎离山』，意思是说设法引诱老虎离开原来的山头，使之无所凭依，难施雄威，以利捕获。比喻用计使对方离开原来的地方，以便趁机行事。运用于军事，它是引诱敌人离开原来有利的基地，迫使其在不利的条件下作战，以便加以消灭的一种计谋。同『纵虎归山』之意正好相反。计中的『虎』系指强敌，『山』一般比喻好的地理条件。强敌又得地利，就如虎添翼。反之，如俗话说：『龙游浅水遭虾戏，虎落平阳被犬欺。』又如，『占山为王』『强龙压不倒地头蛇』。这就是占据有利地势逞强称霸。面对这种情况，『只可智取，不可力敌』。必须使用『调』的办法，诱使其离开有利地势，选择有利时机，才能战而胜之，达到歼灭或赶走的目的。

此计从古至今多见运用。古典作品中屡有记叙。如明朝许仲琳的《封神演义》：『子牙公须是亲自用调虎离山计，一战成功。』《西游记》第七十六回：『……正中了我调虎离山之计。』

《后汉书·虞诩传》所载虞诩平羌的战役便是典型战例。东汉末，羌人率近万之众来犯，朝廷派虞诩任武都（郡名，今甘肃成县西北）太守平叛。进军途中，遭羌人袭击，被截至陈仓崤谷。虞诩为扭转被动战局，调动敌人，便扬言就地待援。羌人得知后，欲乘援军未到先捞点油水，便分散至邻县掠夺财物。虞诩见敌已分散，立即日夜兼程进军，并用『增灶』之计迷惑敌人，使之不敢贸然进击。而虞诩则伺机发动进攻，以三千兵力同近万羌军战于赤亭（成县西南），用强弩伏击战术，大败羌人，平定了叛乱。虞诩扬言等待援军，是以小利诱敌分散，日夜兼程行军，是给敌造成时间和空间被动；每日『增灶』，是迷惑敌人，施加心理影响，使之误认为援军已到，心生恐惧，因而一触即溃。

『调虎离山』的关键在于一个『调』字，要善于利用敌人的错觉，巧妙地制造各种假象，因势利导地去牵『牛鼻子』。调动敌人的办法多种多样。『围魏救赵』是以攻其必救，歼其救者，来调动敌人；『示之以利，诱敌取之』『形之以败，引敌追之』，是用示形、佯动等假象来调动敌人；『逸能劳之』『乖其所之』，是我处劣势，敌占优势之际所采用的一种调敌之策。有时调动敌人，特别是对狡猾多疑的对手，还要不断变换手法，几经周折方能奏效。

《三国演义》中，『猛张飞巧夺巴郡』就是这样。张飞为与赵云争『先到者为头功』。当其率军行至巴郡时，遇上蜀中老将严颜，几次攻城都被『乱箭射回』。为寻破敌之策，张飞在亲自实地调查、冷静分析敌情之后，认为巴郡地势险峻，强攻无法奏效，必须用『调虎离山』之计，在野战条件下消灭严颜的实力方能夺取城池。于是，张飞先用『马军下马，步军皆坐』来诱严颜。因无动静，又用激将法，让三五十个军士叫骂，仍被其识破，几天叫骂，严颜仍『全然不动』。于是张飞再生一计，令『军士四散打柴草』，调查绕过巴郡的路线；当发现敌人奸细已混入砍柴军中时，便故意暴露作战意图，传令士卒『二更造饭，趁三更月明』绕道『偷过』巴郡，让敌奸细逃回报信，终于将老成持重的严颜调出了『虎穴』，落入张飞巧设的陷阱之中，成了『猛张飞』的俘虏。

另外，还有用假情报去调动敌人，尤其在现代战争中，随着情报传递手段现代化程度日益提高，利用假情报调动敌人，更为方便，更为频繁了。

在第二次世界大战中，美军制订了进攻意大利西西里岛的作战计划，并决定用运输机向该岛运送空降部队。德军通过无线电破译了这个情报，便对美飞行中的运输机群进行干扰，破坏了美空军基地与运输机群的通信联系。接着，德军又以无线电冒称美空军基地向美运输机群发出假指令，诱使其飞到英美联军的海上舰群上空。刚遭受德军轰炸的英美舰群，以为又是敌军临空，万炮齐发，美国飞行员还没反应过来便葬身鱼腹了。

第三次中东战争期间，以色列在掌握了阿拉伯军队通信联络的秘密后，利用阿军无线电通信的呼号、频率和密码，引导阿军的坦克、飞机到以军设伏地区加以摧毁；发假令调动阿军车队，再施炮击；冒充阿军指挥部诱骗阿军部队，使反击遭到失败。由此可见，运用现代情报信息传递手段，来迷惑和调动敌方，确实是争取作战主动权的一种有效方法。

此计不仅在战役、战斗中，而且在战略上亦可运用。

解放战争初，国民党军队重点进攻我山东、陕北根据地，企图『伸开双拳』歼灭我华东、西北野战军，进而再转击我晋冀鲁豫军。针对其作战意图，我将计就计，一面令华东野战军在胶东摆开抗争架势，将敌『右拳』引向海滨，一面令西北野战军主动出击榆林，将敌『左拳』拉向西北。待『调』得敌『双拳齐挥，胸膛毕露』之际，我刘邓大军乘机千里跃进大别山，像一把利剑插进敌人的胸膛，扭转了全国战局，使我军由被动转为主动，由战略防御转为战略进攻。

『调虎离山』与政治

在政治事务中运用此计并不少见。唐德宗即位，淄青节度使李正己上书祝贺，并献贺礼三十万缗。德宗想接受，又恐其中有阴谋，要拒绝，却无恰当理由。宰相崔祐甫给出主意：以德宗名义派使臣去淄青慰问将士，把李节度使献的钱分发给他们。这一来，将士们深感皇恩浩荡，各地官吏也知德宗重仁政而轻财物。德宗采纳了这一建议。李正已感到很惭愧，对朝廷非常佩服。神策军使王驾鹤统率训练卫戍部队的时间很长，权力甚大，德宗为防意外准备派人取代他，但又恐其发动兵变，就找崔祐甫商议。祐甫说：『此事无须忧虑。』他就让王驾鹤留下『议事』，故意拖延谈话时间，他们谈话未结束时，取代王驾鹤的白志贞已到军中，接管了统率禁军的权力，从而消除了隐患。

吴国的公子光，想要除掉吴王僚，取而代之。但因吴王僚有三个骁勇的儿子时刻在身边，难以下手，暗自着急。伍子胥得知公子光的心病，拟助一臂之力。这时，楚平王因内外交困发病而死，楚国更加动乱不安。伍子胥对公子光说：『如果你向吴王僚建议，乘楚国发生危机的时候，发动进攻，吴王僚一定会同意。然后你借口自己的脚被扭伤，建议吴王派他的儿子掩余和烛庸带兵前去伐楚，同时，建议派其另一儿子庆忌出使郑国和卫国，说服两国一起参加伐楚。这样，就可以去掉吴王僚的羽翼，仅剩吴王僚就好对付了。』吴王僚果然听从公子光的建议，把三个儿子都派了出去。于是，公子光利用此机会，派勇士专诸刺杀了吴王僚，自己即位为王。吴王僚的三个儿子不敢回国，只好亡命国外。

希特勒解散工会也是运用此计。希特勒自登上德总理宝座，取得国会授权法案，集军政大权于一身后，除纳粹党，限期解散所有政党组织，只剩下势力强大的工会依然存在。但工会属于全国性的机构，组织庞大，实力雄厚，绝非一道命令或动用军队能加以解散的。希特勒对工会常存戒心，但又不敢妄动，怕弄巧反拙。因此，便采用『调虎离山』之计：他突然颁布五一劳动节为固定纪念日，特邀各地工会领袖到柏林参加盛会。于是，全国所有的工会领袖都齐集柏林。不料在5月2日，希特勒已下令其纳粹党员强行占领当地工会，没收工会基金，并迅速逮捕全体工会领袖，只一天，就将一个庞大而根深蒂固的工会解散了。

『调虎离山』与商战

在商业竞争中，运用『调虎离山』之计，可出谋划策使竞争对手离开我经营的范围，而为我独家经营。

我国第一家制碱公司——永利公司刚一建立，便遭到在国际上财大势雄的英国卜内门公司的暗算和排挤，曾使用降价销售战，企图在我国市场上搞垮永利公司。为对付这一挑战，永利公司采纳了其技术负责人的『攻其必救』的策略，在它的『后院』——日本市场『放了一把火』，与卜内门公司的日本市场竞争对手三井公司联合，搞纯碱低价销售。这一来，迫使卜内门公司『回兵自救』，不得不也降价销售，并同永利公司讲和，声明在中国市场不再搞降价销售；还自愿当永利公司在日本的代理商，付给了35万银圆做保证。永利公司以『攻其必救』，击其要害的策略，成功地调回并且降伏了这只『老虎』。

1992年6月，北京市政府决定要与外商合作将黄金地段的王府井加以改造。一时香港大财团蜂拥而来，参加竞争夺标。

李嘉诚以非凡智慧与谈判技巧，获得了『天子脚下』的京城中心，而且比香港价廉的风水宝地的土地出租权。1993年获得北京市政府的批准，该建筑被正式定名为东方广场。

于是李嘉诚负担该地段的地价和搬迁费，搬迁事宜请市政府办理。殊不知设在王府井大街的全球最著名美国麦当劳的快餐分店抛出撒手锏，依据当年与北京市政府签署长达20年的经营合同租期直到2010年，扬言要与北京市政府对簿公堂。当时，王府井地盘已夷为平地，只有麦当劳孤立其中，成为『拦路虎』。同时，香港民间也有微词，甚至谴责。

这时，李嘉诚『以和为贵』，采取『调虎离山』之计，请北京市政府出面协商，只要麦当劳分店迁出王府井，日后东方广场留出比麦当劳分店现在面积更大的铺位适合它；同时，北京市政府批准美国麦当劳公司在北京多开若干家分店，由于条件优厚，『麦当劳』终于同意迁出，从而为东方广场的兴建扫清了障碍。

第十六计 欲擒故纵

『欲擒故纵』，意思是为了要捉住它，故意先放开它，使其戒备松懈。比喻为了更好地控制，有意放松一步。此计原出《老子本义·上篇》：『将欲夺之，必固与之。』《太平天国·文书》中也有『欲擒先纵，欲急姑缓，待其懈而击之，无不胜者』的论述。这是『以迂为直，以患为利』『放长线，钓大鱼』，通过迂回曲折的途径，化不利为有利，达到克敌制胜的目的。在军事上是一种暂时『让步』，待机『索取』的谋略。

《孙子·军争篇》中说：『军争之难者，以迂为直，以患为利。』『故迂其途，而诱之以利，后人发，先人至。』并说：『先知迂直之计者胜。』迂直之计，曲中有直，直中有曲，包含辩证法的真谛，一向为历代兵家重视。运用迂直之计通常是：在时间上，以持久代速决；在空间上，以退为进，兜着圈子走；在手段上，则为欲取故予，欲扬故抑。『欲擒故纵』就是以迂为直之计。例如诸葛亮南征，对孟获曾经『七擒七纵』，表面看延长了不少时间，消耗了很多力量，实际上却使孟获心悦诚服，誓不复返，取得了扩大疆土、万众归心、南中得以长治久安的最大战果。

《三国演义》中张松献图的故事，详细地记叙了刘备如何巧妙地使用以迂为直、『欲擒故纵』的策略。刘备取西川本属既定方针，但他对汉中来的张松躬亲远迎，连日宴请，『只说闲话，并不提起西川之事』。张松以言挑之，他依然假装糊涂，一味谦让。直至十里长亭为张松饯别，他热泪盈眶，仍是只叙友情。张松在备受感动之余，便主动地将原想献给曹操的西川地图，欣然献给了刘备，并甘为其入川充当内应。反之，刘备如在见张松之后就谈及如何取西川，或酒席筵前张口索要地图，刘备形象在张松心目中必定黯然失色，不可能深受感动而『自觉』献图。即使刘备强逼硬抢，最多也只能得到一张『死地图』，无法得到张松等一批西川人才。

『擒』与『纵』两者之间，『擒』是目的，『纵』是手段，是为『擒』服务，创造必要条件的。因此，『欲擒故纵』的『纵』，绝不是对敌人放任不管，『纵虎归山』，而是战略上的必要放松，以防狗急跳墙。《孙子兵法》中的『穷寇勿迫』就是这个意思。运用『欲擒故纵』之计，一般是在我掌握主动权的条件下，客观地分析了有利条件和困难因素，主动地选择那些诸如瓦解敌人思想、疲惫敌人体力等取胜把握大、得手易、代价小的取胜方法。也就是在上述情况下，让敌人看到尚有一线生机，不必以死相拼，而图侥幸脱逃。这样一来，就可以造成有利的战机，收到预期的效果。

汉灵帝（刘宏）中平元年（公元184）六月，『黄巾起义』军队十余万据守宛下（今河南省南阳市），继续与朝廷军队对垒。右中郎将朱儁与荆州刺史徐璆合兵围攻宛城，义军首领张曼成、赵弘先后战死，由韩忠继续率领义军将士据城坚守。两个月过去了，宛城仍未攻下。后来朱用『声东击西』之计，鸣鼓佯攻西南，自将精卒五千乘虚由东北越城而入，占领了宛城。韩忠率义军退保小城，朱儁曾几度发起猛攻都未成功。于是朱儁登上土山，瞭望战场形势，发现义军之所以拼死抵抗，是由于汉军包围太紧，攻打太急，既不允投降，又无力突围。因此，随即下令把围城的军队撤了下来。义军将领韩忠没有识破朱儁的诡计，贸然出城作战。朱儁乘机发动猛攻，大破义军，杀死义军一万多人，韩忠也被南阳太守秦颉所杀。朱儁之所以能在镇压义军的宛城战役中取得胜利，从军事角度看，主要是他能够正确分析战场形势，把握对方心理，采取『欲擒故纵』撤围诱敌之策，才迅速取得胜利。

在现代战争中，即使敌人有现代化的装备，机动能力很强，『欲擒故纵』之策仍有其重要价值。但是，由于作战条件比之古代、近代有了巨大的变化，对于如何『纵』敌，能否『擒』住，指挥员尤须深思熟虑，谨慎行事，切不可掉以轻心，造成纵虎归山、遗患未来的不良后果。

『欲擒故纵』与日常工作和生活

美国著名画家惠斯勒在英国伦敦展销一幅落笔简洁、风格独特、显示流星烟火在夜空爆炸情景叫《黑色和金色夜曲》的画，由于定价200吉尼（美国旧时金币）遭到一些人的非议。评论家约翰·拉斯金甚至点了他的名，说：『从前我见过，也听说过伦敦人厚颜无耻，却从未想到竟有一花花公子向观众脸上扔一罐颜料而索价200吉尼。』惠斯勒对这样的人身攻击忍无可忍，便诉诸法庭，控告拉斯金犯了诽谤罪。但审问中，检察长和被告辩护人都瞧不起惠勒斯的画，替拉斯金百般辩解。惠斯勒明白，面对这种情况，只能智斗，以理服人，使检察长改变态度。检察长想以这幅画创作时间短为由，证明它没什么价值，便问惠斯勒完成这《夜曲》要多长时间？对此惠斯勒本可回绝：『此问题与本案无关。』但他心平气和地说：『请您再讲一遍。』检察长立刻感到自己问话有些唐突。惠斯勒看出他的窘态，索性继续前进，漫不经心地说：『我记得大约一天……要是第二天没有事干，就再补几笔。因此，应该说工作了两天。』检察长不识就里，终于按捺不住，赤裸裸地说：『两天工作就要价200吉尼吗？』惠斯勒早已成竹在胸，便一字一句斩钉截铁地说：『不，我要的是终生学识价。』检察长顿感语塞，因为知识成果价值，是不能以个人投入劳动时间长短来衡量的，这是人所共知的常理。到此，检察官才明白惠斯勒的真正意图，终于判定拉斯金向惠斯勒道歉。惠斯勒靠计谋，排除困难，最终胜诉。

『欲擒故纵』与政治

明武宗时，宁王宸濠叛乱。王守仁平定了宸濠之乱，擒获了宸濠。这年八月，皇帝御驾亲征，由北京出发经淮阴、扬州，至南京。用事中官要求王守仁先放宸濠回江西，等皇帝来时亲自将其擒获。王守仁不从。江彬等人妒忌王守仁的功劳，散布流言蜚语，说王守仁开始时与宸濠同谋，听说朝廷大军进讨后，始出兵与宸濠战。王守仁与提督赞助军务的太监商量说：如果顺应皇帝的意旨，或许还可能挽回局面。否则，皇帝既不高兴，还引起小人的怨恨。于是就把宸濠交给张永，再上表告捷，把讨平宸濠叛乱的功劳归于威武大将军（明武宗），同时王守仁称病在九华山寺庙里养病。

张永在皇帝面前极力为王守仁称赞辩解，皇帝这才了解了实际情况，不再听信左右嬖幸对王守仁的毁谤。

『欲擒故纵』与商战

在商业竞争中，『欲擒故纵』之计指的是不在于一时的求快而是要懂得欲攻先守的策略，一旦时机成熟，就可以及时下手。所谓目光放远，放长线钓大鱼是也。如『与人分利，于己得利』『薄利招客，暴利逐客』『三分利吃利，七分利吃本』等商业谚语，包含了『欲擒故纵』的辩证哲理。

20世纪20年代成立的经营桐油外贸的义瑞行，一度在国内享有『桐油大王』的称号，其博取施美洋行的信任，主要靠妙用『欲擒故纵』的谋略。一是将『升称』（四川每担比汉口约大1%，除去运炼损耗，到汉口仍有盈余）所得主动分给施美洋行一半。1929年美国经济危机时，义瑞行在未结清『升称』前，即先按估计数提前装出3000吨以济施美洋行燃眉，更使其喜出望外。二是及时退给费用结余。义瑞行代买桐油，都按上海离岸美金价格报施美洋行，一切费用按一般标准估计，但实际支出比估计少，这项结余除添置设备，前后共余款数万美元。结算时，施美洋行不仅不掏钱，反获额外收入，十分高兴。由于义瑞行长期多方努力，终于取得施美洋行的绝对信任。特别是1933年四川大旱，长江水位空前低落，轮船无法航行。义瑞行为维持信誉，先后组织200余木船，海船只装八成载量，运费照十成付。先后运出8000余吨桐油，在其他商行无法交货时，义瑞行却按期出口，使施美洋行能按期履行合同，增强了海外信誉。从此，施美洋行更加信任义瑞行。抗战发生后，施美洋行仍给义瑞行开光票信用证。至武汉沦陷时，义瑞行尚欠施美洋行16万美元光票债务。若非取得绝对信任，何能至此？

美国加州萨克拉门多，有位叫H D T的青年，经营家庭用品函售业务。首先他在一流杂志刊登『1元美金商品的广告』，而他所贩卖的都是名厂出的实用商品，其中约20%的商品进价超过1美元，60%的刚好1美元。

广告一出，订货单像雪片般地飞来，他便用客户汇款购货。他知道汇款越多亏损也越多，于是在寄给顾客商品时，另附3元以上至100元以下的商品目录和图片说明及一张空白汇款单，争取在这方面获得补偿。由于他以小金额商品亏损换得了大量顾客的『安心感』和『信用』，顾客再买较昂贵的商品时就无戒备之心，从而迅速扩大了营业额，不仅没赔本，而且获得了很大利润。1年后，他成立了H D T函售公司。3年后，他雇用了50多名员工，1974年的销售额多达500万美元。

天津一家食品厂生产儿童食品朱古力豆，每筒24粒，零售0.27元，销售1吨获利2000元。该厂为获更多利润，采取『姑纵』办法，将筒装改为塑料袋装，每袋加1粒，而零售价却调低到0.19元，每吨盈利比原先少1000余元。但薄利果然带来多销，调价前年销量只30吨，调价后猛增至250吨，所获之利比原来增长两倍半。

必须指出，采用薄利多销的办法，应有产量优势，同时还要注意把成本降低到社会平均水平之下。否则，难以满足市场需求，不能收到大量推销的利益。

在企业外交谈判术中，『欲擒故纵』，引而不发的『模糊外交』，也是常用的手段之一。在谈判中的一般做法是：打算成交而不露声色；急切想抓到手，却又能放得下。对产品质量本已十分满意，偏要从中挑点骨头，迫使其考虑『进一步做出某些让步的决定』问题。

巧妙地运用沉默，也是一种有效手段。沉默，一是让对方说话，二是使别人非说不可。如果你提出一个特殊问题，对方的答复不能使你满意，这时你最好不做任何反应。如果你还想知道更多的事情或获得其他的信息，沉默往往可以使你如愿以偿。

『港灯』是香港十大英资公司之一。是一块肥肉，惹人垂涎。怡和、长江、佳宁集团都有觊觎之意。

而海外投资回报不佳，负债高达160亿港元的怡和系置地公司，急速扩张，以高出市价31%的条件，以47.5亿港元将『港灯』购到手。

然而在此激烈竞购中，李嘉诚却采取『欲擒故纵』之计，认为迎其锋与之硬碰，未必能胜；即使能胜，也会大伤元气。同时，认为置地公司不惜重金出击，容易『消化不良』，或遇外界因素影响，置地公司不攻自破，再从置地公司夺过『港灯』，易如反掌。因而在竞争中，李嘉诚『欲擒故纵』，静待其变。

果然，后因撒切尔夫人与北京谈判香港回归中国事传出，香港出现移民潮，地产市场急剧滑落，置地公司陷入空前危机，债台高筑。这时主管置地公司的西门·凯瑟克不得已于1985年1月21日派员前往长江实业兼和记黄埔公司主席李嘉诚处，商议转让『港灯』股权问题，置地公司不得已折价售出『港灯』，因而李嘉诚获利丰厚，省下4.5亿港元。

第十七计 抛砖引玉

『抛砖引玉』，语出宋代释道原《景德传灯录》卷十：『比来抛砖引玉，却引得个墼子。』又据说，唐代诗人常建久慕赵嘏的诗名，为请他作诗，先在苏州灵岩寺的墙上写了两句诗，赵嘏看到后，立刻提笔续了两句，所续的比前两句还好。人们把常建的做法叫『抛砖引玉』。后来就用以比喻自己先发表粗浅意见或文章，以便引出别人的高见或佳作。用于军事，它是一种示形用诈，诱敌上当的计策。

钓鱼须用饵，『引玉』当『抛砖』。『利而诱之』是孙子根据前人作战经验提出的。对此《百战奇略·利战》中做了具体阐述：『凡与敌战，其将愚而不知变，可诱之以利，彼贪利，而不知害，可设伏兵以击之，其军可败。法曰：利而诱之。』意思是对愚蠢的敌将，可以先作小利引诱，让他尝点『甜头』，才能够使其上钩吃『大苦头』。

公元前700年，楚国攻打绞国，绞军闭城固守，楚大臣屈瑕向楚王建议：绞军轻躁少谋，可用『无捍卫采樵者』诱之。楚王采纳了这一建议，头天故意让30名上山砍柴的樵夫被绞军擒获。次日，绞军又争先恐后地追捕一群楚军樵夫。这次，楚军除在城外预伏部队截击，还设伏兵于山中，待绞军进入伏击圈后，伏兵四起，迎头痛击，绞军大败，只好投降。

『谋贵用疑』为历代兵家所重视。诱敌方法多种多样，其核心在于疑敌。只要令敌将产生狐疑，心理失去平衡，就能导致其判断与行动失误，最后为我所制。这种疑兵术在《三国演义》中俯拾皆是。足智多谋的诸葛亮，更是『抛砖引玉』、用疑取胜的顶尖高手。尤其是大败曹操于汉水的战例，更见其高人之处。

曹操见玄德背汉水列阵，心中疑惑，使人来下战书，孔明批准来日决战。次日，两军于五界山前列阵。曹操出马唤玄德答话，玄德率诸将出……操命徐晃出战，蜀将刘封迎战。封不敌，拨马便走。曹操一心要捉拿刘备，遂指挥大军杀过阵来，蜀兵逃向汉水，尽弃营寨、马匹、军械，丢满道上，正当曹军纷纷夺取时，操急鸣金收兵。众将皆问：『何故收兵？』曹操说：『吾见蜀兵背汉水安营，其可疑一也；多弃马匹军器，其可疑二也。可急退军，休取衣物。』随即下令：『妄取一物者立斩，火速退兵。』曹军方回头，孔明号旗一举，玄德率中军，黄忠、赵云率左右军一齐掩杀过来，曹兵大败而逃。这是诸葛亮针对曹操熟知兵法的特点，不用『利而诱之』，而用『示利疑之』的计策，乘操犹豫撤退之际，抓住战机，突然发动猛烈反击而取得胜利的。

现代战争中亦不乏其例。1956年英法对埃及进行武装干涉，在赛得港实施空降的前奏，就是妙用『抛砖引玉』之法。英法第一批空投只是『抛』一大批木头人和橡皮人，『引』得埃及地面炮兵轰击，步兵出动围歼。当埃及火力、人员暴露之后，英法空军一个回马枪杀来，使埃军遭到重大伤亡。而后，英法又由虚变实，在赛得港东空降三个伞兵营；次日拂晓在其东西海岸英法军又化装登陆。待埃军发觉时，已无法阻止，赛得港很快被英法攻占。

『抛砖引玉』与日常工作和生活

1587年，西南马湖（今四川雷城县北附近邛部的一支）腻乃的首领撒假和他的表兄安兴攻扰内地。明朝廷命令四川总兵李应祥、原总兵郭成、参将朱文达、游击万鏊率兵抗击。万鏊在战斗中俘获了撒假的妻儿，郭成活捉了撒假。安兴据寨坚守。朱文达、万鏊分道攻入安兴的巢穴，俘获了安兴的母亲和妻子，安兴却逃跑了。

朱文达、万鏊派兵追赶安兴，眼看就要追上了，安兴急中生智，想出了缓兵的计策。他一边逃跑，一边把身上携带的金钱抛在地上，追兵都抢拾金钱，减慢了追赶的速度，安兴于是得以逃生。

『抛砖引玉』与政治

汉高祖初定天下，内忧不已，匈奴犯边，防不胜防。高祖甚为忧虑，便召关内侯刘敬，商议边防事宜。刘敬献计说：『天下初定，士卒久劳，边疆又多事，若兴师远征，实非易事，认为不用武力对匈奴可以征服，并使其臣服，还使之子子孙孙不敢兴兵犯边，这是长远相安之计，不知陛下同意不同意？』

高祖说：『如果有此良策，化干戈为玉帛……』刘敬边谈边偷看高祖的脸色，继续说：『如果陛下肯割爱，将公主嫁给匈奴单于冒顿，招他为婿。他慕德怀恩，立公主为后，将来生下的孩子，必然继承王位。陛下利用翁婿关系，予以关怀，馈赠珍宝，这样亲密无间，即使是老虎亦可变为坐骑。冒顿子孙将来继承匈奴王位，为陛下之外孙，自然决不会对陛下无礼。这乃所谓不战而屈人之兵，实为长治久安之计。』

高祖闻之，却有愠色，说：『堂堂中国皇帝，怎能把公主下嫁周身羊膻味的野蛮人呢？岂不是与人以笑柄吗！』

『当然，臣也想到陛下不愿将爱女下嫁匈奴，这是一般之常理。不过，有一变通办法，以宗室女或在宫里觅一最美丽的宫女，冒充公主，把她嫁与匈奴单于不就行了吗？』

高祖听后立即反怒为喜，于是以宗室女为公主，派刘敬为使，护送到匈奴。果然冒顿非常高兴，立为阏氏。从此，汉与匈奴代代联姻，和平相处几十年。此举也是『抛砖引玉』之计的具体应用。

公元580年，隋公杨坚被任命为左大丞相，权大震主，野心勃勃。相州总管尉迟迥看出杨坚心怀叵测，想出兵攻打他。杨坚也觉得尉迟迥对自己存在威胁，就派亲信韦孝宽去替换尉迟迥。

韦孝宽素知尉迟迥的为人，深知此行可能遭到不测，故而边走边思索着对付的计策。尉迟迥果然对韦孝宽来替换自己十分不满，准备置韦孝宽于死地。于是派人去催促韦孝宽上任。韦孝宽假托有病，慢慢行走，故意拖延时间，并派人以求医找药为名，去尉迟迥所在地暗中探察情况。

当时，韦孝宽的侄子韦艺任魏郡太守，是尉迟迥的同党，尉迟迥又派他催促韦孝宽。

韦孝宽知道尉迟迥心怀鬼胎，便追问韦艺此行的真实目的。韦艺不肯说实话，孝宽便用死相威胁。韦艺胆小，只得吐露真情。韦孝宽意识到尉迟迥很快就会派人来追杀他，便立即带了韦艺向西逃跑。

途中韦孝宽每到一驿站，都对驿站的管事说：『蜀公（尉迟迥）即将到来，你们赶快准备好酒好菜迎接他。』并在临走时将驿站的马全部牵走，经过的桥梁道路，悉加破坏。

尉迟迥果然派仪同大将军梁子康带着几百人马来追韦孝宽，每个驿站都以好酒好菜招待。由于驿站的马都被韦孝宽带走，他们只得停留下来，韦孝宽则趁机远逃。

『抛砖引玉』与商战

在商业竞争中，『抛砖引玉』之计，具体而言，要以赢义取利、舍小求大，赢得名誉。那么就会在众人心中留下美好的印象，最终获得巨大的经济效益。

在日本，曾做过三家大公司董事长，又当过工商大臣的小林一三，他在大阪开设阪急百货店时，为招揽主顾，增加盈利，使出了『以廉价咖喱饭钓顾客』的『妙招儿』。首先，小林让秘书吃遍大阪市内的咖喱饭馆，把其中味道最可口的报告董事长；然后立即把那家咖喱饭馆请到百货公司内营业，再将咖喱饭售价降低四成，两成由小林补贴。这一来，要吃物美价廉咖喱饭的顾客从四面八方拥来。人们不仅在此大吃大喝，而且在百货店大买商品。从此，百货店每天人山人海，销售额猛增六倍多。他所设的『抛砖引玉』之计可算是非常成功的。

日本西铁城钟表为在澳大利亚打开市场，提高手表的知名度，竟然采用飞机空投的方法，将手表由高空抛到指定的广场上，谁拾到就送给谁。广告刊出这一消息后，在规定的时间，成千上万人汇集广场，眼见一只只手表从高空坠落地面，居然完好无恙，莫不称赞：『好表！好表！』从此，西铁城名声大震，一举开辟了新的市场。

在商品销售的争夺战中，『抛砖引玉』运用之广，花样之多，实在是难以枚举。

20世纪初，英法烟草公司向我国大量倾销香烟，意图垄断我国卷烟市场。国人简照南、简玉阶兄弟在香港开办南洋烟草公司与之较量，并在竞争中发展壮大。其竞争手法之一就是『抛砖引玉』——利用赠品吸引消费者购买『南洋』产品，扩大销售。1915年，采用香烟内放奖券的办法，大者可得金表，小者可得名家美术作品。当年参加国货展览期间，将香烟遍送北洋政府要员，上自总统，下至税务处头目，以及参加展览的各界人士。1916年对购买『飞艇』牌等香烟的顾客赠送月份牌。1930年前后赠品更是五花八门，有指定换物证券；还把钞票、金戒指、金镑、金针等直接放入听装烟内；也有采用『迂直之计』，送《三国演义》《水浒传》《红楼梦》等故事人物连环画，以引起儿童们的搜集兴趣，促使吸烟的父兄陆续购买『南洋』香烟，等等。即使在当代，每逢商品过剩、市场萧条时，诸如『有奖销售』『八折优惠』『买二送一』『大酬宾』等办法更是屡见不鲜。

唐代崇贤人窦公善于经营家业，但是财力不足。他在京城内有一块空地，与大宦官的地段相邻，宦官很想得到这块地。这块地仅值五六百缗（古代一千文为一缗）。窦公很高兴地把这地献给大宦官，却没有提价钱，讨得宦官十分喜欢。此后，他借故说自己打算去江淮，希望得到两三封给神策军中的护军（由宦官担任）的信，于是宦官便替其写了几封信。窦公借以获利三千缗，从此发迹。东市有空地一片，地势低洼，有积水，窦公就用低廉的价钱买到手，然后让女佣携带蒸饼在这块空地上引诱儿童。哪个孩子如果扔砖瓦击中空地上的目标，就奖给一个蒸饼。小孩子们都跑来争相扔砖瓦石块，这样就把那片洼地填平了十分之六七。接着窦公又让人用好土垫平，在上面盖起了一个客店，专门留波斯客商居住，每天获利一缗。

第十八计　擒贼擒王

此计语出唐代诗人杜甫诗《前出塞》：『挽弓当挽强，用箭当用长。射人先射马，擒贼先擒王。』『擒贼擒王』，比喻做事要抓住关键。在日常工作或生活中常见运用。《红楼梦》第五十五回，凤姐道：『如今俗话说，擒贼必先擒王。他（指探春）如今要做法开端，一定是先拿我开端。』用于军事，则是『打蛇先打头』，使之主力崩溃、彻底失败的一种计谋。

『擒贼擒王』的『王』，古代是指敌军的主帅、首领。在古代作战，两军对垒，白刃相见，敌人主帅通常就在『帅』字旗下。但在某些情况下，其主帅也有隐蔽起来不易发现的。因此，必须先使其主帅暴露而后再去擒获。

唐肃宗时，张巡和尹子奇激战。张巡一马当先，率军直捣敌方『帅』字旗下。这时敌营大乱，张巡全军上下，奋勇杀敌，一鼓作气，斩敌将50多人，歼敌军5000多人。张巡意欲射死敌主将尹子奇，但不识他在何处，便叫士兵以削尖的秸秆当箭射向敌军。中箭的敌军见此非常高兴，以为唐军的箭已用光，便纷纷拿着秸秆，奔向尹子奇报告。张巡因此便认出了尹子奇，于是立即令南霁云放箭。弓弦响处，一箭正中尹子奇左眼，几乎将其俘获。结果尹子奇大败，只好下令退兵。

现代战争中的『王』，则应理解为包括指挥员在内的指挥机构。『擒王』，就是要消灭敌人的指挥员和指挥机构。因为敌人运筹决策，发号施令的首脑机关一旦被我消灭，敌军就会群龙无首，一团混乱，不堪一击了。在特定条件下，有的军事要塞、电子战兵器和通信装备，也属于必『擒』之列。现代战争的『擒王』，通常采取『奇袭』手段来配合正面作战。也有在正面作战的同时，施以『掏心战术』，以伪装的『小分队』直插敌后，如同孙大圣钻进铁扇公主的肚内那样。特别是空降出现之后，这种『掏心战术』又出现了一些新的特点，常常由战术行动转为战略行动，由小规模袭击转为大规模袭击，并且多以重兵突然袭击敌方战略要地，掐住敌人脖子，为我方地面大部队的行动创造有利条件。

1940年5月10日，法西斯德军奇袭埃本·埃马耳要塞，就是现代战争施用『擒贼擒王』术的一个范例。埃本·埃马耳要塞是比利时艾伯特运河防线的南部支撑点，其现代化设防与当时的马其诺防线齐名。德军要突破艾伯特运河防线，征服荷兰、比利时，进而入侵法国，首先得打开这道关。这次德国一反传统的袭击方式，没有用炮兵和航空兵的火力配合，仅以一支百余人的伞兵小分队于夜间乘滑翔机孤军深入，直接降落在要塞顶部。这个奇袭战术突破了军事家们通常的思维框架，千余名比利时守军虽有抗击德军地面进攻的充分准备，却万没想到在沉沉夜色中竟然祸从天降，懵懵懂懂地就丢失了要塞，变成了德军的俘虏。

1953年夏季，在朝鲜战场上我志愿军由杨育才所率领的13人侦察班深入敌后，歼灭伪军『白虎团』团部和美军榴弹营指挥所，也是成功的一例。

这次进攻战役中，我侦察员化装成敌伪军、美国顾问的形象，在我军炮火掩护下，冒雨深入敌军腹地。侦察员为避开敌人布下的地雷，顺着一条小溪沟前进。杨育才忽然发现队伍中『多』了一人，原来是敌军的一个胆小鬼，以为他们是逃兵，也跟着逃跑。杨育才从这个人的口中意外地得到了敌军口令。

一路顺利地急行军，就要到达目的地时，忽然发现满载步兵和弹药的敌军汽车发疯似的从隐蔽处疾驶而来。突然，前面一车停下，敌人想要下车集合，步行增援。杨育才机智地下令：两人打一辆车，先用手榴弹炸，然后趁乱冲过去。侦察员在敌人『不要误会』的喊声中，迅速冲过去，接近敌人团部。他们分兵三组，分别进攻炮兵室、办公室和大门的敌人。由于攻击得猛烈、突然，敌军陷入惊慌和混乱之中。『白虎团』正在开会的伪军甲团长、美军顾问、炮兵营长等全部被歼，还缴获了汽车、电台等许多战利品。

在这场战斗中，侦察员们采用了『擒贼擒王』的战术，先打掉敌人的指挥所，趁乱取胜，从而创造了以少胜多的辉煌战绩。

『擒贼擒王』与日常工作和生活

美国培斯莱姆海姆·斯切尔公司经理休瓦普的办公室里进来一位医生，声称愿向公司介绍使其取得划时代发展的秘诀。经理很不客气地说：『我在这公司已经工作了几十年，也没有发现什么秘诀，像你这门外汉能有什么秘诀？今天我很忙，也请您不要浪费给病人治病的时间。』

医生说：『给有病的公司开处方，也是我的职责。现在对您很可说是机会之神。您就权当受骗，挤出20分钟如何？』经理只好耐心地请他讲出秘诀。医生说：『请您按轻重缓急的顺序，列出作为经理必须做的六项工作，然后顺次认真完成，其余的请交给下级去做。』经理很不以为然地说：『难道这就是你要告诉我的秘诀吗？』医生领悟到经理不相信自己的心思，便说：『请您先在实际工作中试试吧！如果觉得毫无价值，可以不付钱，如果觉得有效，你可根据情况付钱好了。』说罢立即告辞而去。

于是，休瓦普经理就试着按这秘诀改革工作方法，结果取得惊人的巨大成绩。几年后公司获得了很大的发展。

这年的圣诞节，医生突然收到休瓦普经理2 2万美元的支票，对他所提供的秘诀表示感激和酬谢。

这位医生的秘诀其实就是『擒贼擒王』的策略。

『擒贼擒王』与政治

『擒贼擒王』也是一种谈判策略，在军事、政治、贸易等谈判中颇不少见。谈判是不流血的战争，为赢得胜利，切莫忘记抓住对方的关键人物和要害问题。《三国演义》中『关云长单刀赴会』，是一次颇具戏剧性的谈判。东吴欲取荆州，首先必须搬掉关羽这块绊脚石。为此，鲁肃特请关羽到陆口寨外临江亭赴宴，企图以预伏的刀斧手在酒席筵前杀掉关羽。关羽让周仓和数名身挎腰刀的关东大汉同往。由于关羽将计就计，有备而来；席间又抓住了鲁肃这个权威人物，右手提刀，左手挽住鲁肃的手，佯装酒醉，说：『公今请吾赴宴，莫提荆州之事。吾今已醉，恐伤故旧之情。他日请公到荆州赴会，另做商议。』鲁肃吓得魂不附体，被关羽扯至江边。吕蒙、甘宁各引军欲出，见此情景，恐鲁肃被伤，未敢妄动。结果，云长安然归去，鲁肃『妙计』落空。

战国时的秦王与赵王的渑池（今河南省渑池县境）之会，秦王以强凌弱，让赵王鼓瑟，其御史（战国时的史官）上前写：『某年某月某日，秦王与赵王会饮，令赵王鼓瑟。』智勇双全的蔺相如『以牙还牙』，请秦王击缶来互相娱乐。秦王发怒拒绝，相如持缶跪请，秦王仍不肯。相如便说：『你我相隔只在五步之内，我蔺相如将要拿头颈里的血溅在大王身上了！』秦王身边的侍从想杀相如，相如怒目呵斥，他们都吓得退了下去。于是秦王只得敲了一下缶。相如也让赵国御史记上：『某年某月某日，秦王为赵王击缶。』秦群臣『请以赵十五城为秦王寿』，相如也说：『请以秦之咸阳（秦都）为赵王寿。』这次，由于相如以『擒王』之术，针锋相对，寸步不让，秦始终不能占赵国的上风。渑池会结束后，赵王因为相如功劳大，封他为上卿。

公元73年，汉明帝派班超和郭恂带领由36人组成的精悍的小分队，出使西域。先到了鄯善国，国王广起初对汉使者热情相待，后来态度突然冷淡。班超了解到原来是匈奴使者带兵到达鄯善。班超召集36人商议，说：『匈奴使者刚到几天，鄯善王的态度就改变了，假如鄯善王把我们交给匈奴人，我们就会死无葬身之地。不入虎穴，焉得虎子！只有袭击匈奴人的营帐，将其全部消灭，才能化险为夷。』

半夜，由班超率领部属36人，包围匈奴使者的营帐，乘着风势，放起大火，擂鼓呐喊，匈奴人惊醒大乱。班超亲手杀死3人。匈奴使者及其随从30余人被班超部下杀掉，其余100多人被火烧死。

次日，班超将夜间的事告知郭恂，并说，这次行动郭虽没有参加，但功劳奖赏也都有他的一份。郭恂听了很是高兴。于是招来鄯善王广，把匈奴使者的首级给他看，告诫鄯善王不得再与匈奴来往。鄯善王为表示与汉朝真心和好，将儿子送往洛阳作为人质。班超出使西域初获成功，受到明帝嘉奖，令他继续留在西域，完成他未竟的事业。

『擒贼擒王』与商战

在现代商业谈判和企业交往中，应用『擒贼擒王』计策，就是抓主要矛盾、抓权威人物解决问题。凡有经验的谈判者，每当遇到对方权威人物时，都认为这是攻取对方最后防线和堡垒的难得良机。深知此时谈判，得寸为寸，得尺为尺。因此，他们会全力以赴，去争取迅速而满意的谈判成果。

特别应当指出，在企业经营管理中，人才问题关系着企业的成败兴衰。举凡有志于建功立业的杰出人物，无不爱惜人才，十分讲求选才、用才、育才之道。谁拥有大批管理人才和专业人才，谁就掌握了竞争的优势和主动权，这是企业竞争的真理。从这个意义上讲，重视抓人才，就是用的『擒贼擒王』策略。在近代、现代中外企业管理史上，不重人才侥幸取胜而能长久的企业经营管理者实属罕见，而爱才、重才因而使企业获得巨大发展的经营者却不可胜数。

美国汽车大王福特家族的兴衰起落，就始终与人才的得失紧密相连。其创始人亨利·福特一世，从1889年开始曾尝试创办汽车公司，都因缺乏企业管理本领而失败。挫折使他聪明起来，便聘请一位叫詹姆斯·库兹恩斯的管理专家任经理。库氏上任后，一抓市场预测，得知只有生产美观、耐用、定价500美元左右的汽车才能打开销路；二是组织设计了世界第一条汽车装配流水线，提高劳动生产率八十多倍，使产品成本大为降低；三是建立了一个完整的销售网。实施这些措施，短短几年就使福特公司一跃而成为世界汽车行业的第一霸主，老福特也获得『汽车大王』的称号。此后老福特开始头脑发昏，独断专行，许多人才纷纷另觅新枝，公司在19年里没有开发出新产品，终于被其对手通用公司击败。1945年，其孙子福特二世继承祖业，聘用了一些杰出人才，进行了一系列改革，推出了物美价廉、操作简便、广泛适用的『野马』轿车，创造了新车首年销量的最高纪录，把『福特王国』的事业推向顶峰。而福特二世后来也重蹈他祖父的覆辙，到1979年后，由于人才外流，公司从此一蹶不振，他不得不将整个公司经营权转让给外族专家菲利普·卡德威尔，结束了77年福特家族的汽车统治。

企业的竞争，归根到底是人才的竞争，提高职工的素质是竞争取胜的必要前提。一个现代企业家要舍得在智力开发上投资本，下功夫。

辽宁省东沟县水泥厂厂长韩旭东，他原在家乡的农机厂工作，后来进大连工业学校深造两年，回来成了该厂的『顶梁柱』，为故乡插上『金翅膀』发挥了积极作用。1982年，他被特招到东沟县水泥厂，不久去武汉建材学院深造1年，学完11门大学课程，离校时绘制了70余幅有价值的图纸，深得专家、教授的重视。韩旭东一当上厂长，便首先抓提高职工的素质。该厂职工大都是普通农民，为给企业发展增加后劲，韩厂长请来了4位教师，让职工轮流就读，每期半年。他还选派多名职工到高等学校进行较长时间的学习。就这样，他以长期的努力、长远的投资，使该厂职工素质不断提高，生产连年发展，效益不断提高。『擒贼擒王』，抓紧提高职工素质，收到了明显的实效。

第四章　混战计实操运用

第十九计　釜底抽薪

『釜底抽薪』，原意出自北齐魏收《为侯景叛移梁朝文》：『抽薪止沸，剪草除根。』《淮南子·本经训》：『故以汤止沸，沸乃不止，诚知其本，则去火而已矣。』《汉书·枚乘传》：『欲汤之沧，一人炊之，百人扬之，无益也；不如绝薪止火而已。』后用以比喻从根本上解决问题。它运用在军事上，是从根本上瓦解敌军的一种策略。

『釜底抽薪』，自古就用来指导战争。尤其对于力量强大、锐气正盛之敌，更应避其锋芒，以『抽薪』来消耗和分散它的力量，方能战而胜之。

古代作战，由于武器和装备都很低劣，军队的战斗力主要靠人的意志和体力。而粮草则是保持体力的根本因素，是『人吃马嚼』的必需品，对军队战斗力的强弱至关重要。军队没有粮草，就会丧失战斗力，古语所说的『军无粮则亡』是科学的至理名言。因此，历代兵家运用『釜底抽薪』之计，通常都是在粮草问题上做文章。

东汉末年的『官渡之战』，曹操鉴于与袁绍实力悬殊，采纳其谋士许攸的『釜底抽薪』之策，亲自率兵奇袭袁军屯粮之地乌巢，使其军心动摇，不战自乱，然后趁势出击，大败袁军。

在现代战争中，部队的机械化程度大为提高，『粮草』的概念已经不限于『人吃马嚼』的东西，飞机、军舰、坦克和各种机动车辆、新式武器装备等也要『吃』的，离不了煤、汽油、弹药等『粮草』供应。倘能抓住战机，袭击敌方基地，切断其运输线，定收『釜底抽薪』之效。

第二次世界大战末期，美军为加速太平洋战争的进程，针对日本资源缺乏，大量的石油、煤炭、铁矿石以及粮食等均依赖进口的弱点，便来了一个『釜底抽薪』，对日本实施大规模的水雷封锁作战计划，很快就切断日本与外界的航运，使其急需的石油、煤炭等战略物资严重短缺，许多飞机和船只由于无燃料而停飞停航，军工厂关闭，造船厂停工，全国工业生产濒临瘫痪，粮食供应日趋匮乏，国民陷入一片饥饿之中，从而达到了预期的战略目标，加速了日本军国主义的彻底崩溃。

『不敌其力，而消其势。』强大的力量虽然无法阻挡，而从气势上使其自行瓦解的妙策还是有的。对如何削弱敌人之气势，战国兵家尉缭子说：『气实则斗，气夺则走。』而夺气之法，则在攻心。在今天看来，这仍属高见。曹操奇袭乌巢，以抢粮动摇袁绍的军心，可以说是运用『攻心夺气』的典型战例。

『釜底抽薪』与日常工作和生活

南北朝时期，宋朝的谢庄曾任太子中庶子，孝武帝（刘骏，公元454—465年在位）孝建初，进左卫将军。帝赐他一把宝剑，谢庄又将宝剑赠予豫州刺史鲁爽，后来，鲁爽叛变兵败被杀。一次，孝武帝偶然问起宝剑在哪里，当时在场的人，都为谢庄担心，不知如何是好。但谢庄容地回答：『那天与鲁爽告别的时候，我私自假称陛下赐他宝剑，令他自刎。』孝武帝听了，不但未加怪罪，还表示嘉许。

有甲乙二人，同时追求一女职员。乙和女子较为接近，甲显然处于下风。但甲想出『釜底抽薪』之计，进行『伯母政策』，在女子母亲面前献尽殷勤，双管齐下，取得母女俩的欢心，达到预期目的，从而『乾坤定矣，钟鼓乐之』。

当前，国内开展的全国性『扫黄』，采取有力措施堵塞『黄源』，特别是对制作出版淫秽书刊和音像制品的单位、个人，坚决查处，严厉打击，并且一抓到底，常抓不懈。这也是『釜底抽薪』，从根本上消除『黄』患的谋略。

总之，『釜底抽薪』，意在抓主要矛盾，抓影响全局的关键问题，抓那些决定成败的根本因素。把这些抓住了，抓好了，就能立于不败之地，稳操胜券。

『釜底抽薪』与政治

战国时，秦国的范雎用『釜底抽薪』之计大破赵国。秦将王龁攻赵，赵将廉颇严阵固守，秦军不能越雷池一步。赵王不明廉颇战术，屡下令命其进攻，廉颇不听。秦相范雎见有机可乘，使间谍造谣，说『秦最怕赵括将军，廉颇实一庸才，惧死不出军，早晚定被擒获』。赵王信以为真，乃使赵括代替廉颇。范雎知赵王中计，乃暗遣上将白起增军，赵国军败，秦军射杀赵括，坑杀赵国降卒四十万。

釜底抽薪在政治上最出色的运用就是墨子的非攻术。战国时，公输般（鲁班）替楚王建造一种新式攻城器械云梯，准备攻打宋国。墨子闻之，采取『釜底抽薪』之计，不远千里赶到阻止。在楚王面前，墨子和公输般表演攻防演习，接连九次的较量，公输般均战败，终于把好战者吓住，被迫放弃进攻宋国的打算，从而避免了一场残酷的战争。

唐宪宗时，吴元济割据淮西蔡州对抗朝廷，唐军屡次攻打失败。宪宗任命李愬为唐隋邓节度使，率兵讨伐吴元济。

淮西地区由于连年战争，生产遭到破坏，民不聊生。李愬对于逃荒的农民派人安抚，加以保护；对淮西的逃兵予以关切，甚至亲自询问安抚，家中有父母的，发给钱粮遣送归乡，降兵得到温暖、受到感动，由是淮西士兵投诚李愬的逐日增多。

唐军俘获淮西叛军的骁将丁士良，唐军被他杀害的很多，纷纷要求杀掉他。李愬却亲自为其松绑，劝他弃暗投明。丁士良受到感动，表示『以死相报』。李愬任他为将，给予特别优待。丁士良自告奋勇，擒获了为淮西军的『左臂』吴秀琳出谋划策的陈光洽，逼迫吴秀琳率众投降。厚待吴秀琳，和他商量攻打蔡州的计策。吴秀琳献计，要攻取蔡州必须收降淮西骑兵将领李祐。李愬设伏兵捉到李祐，但因其曾经杀死许多唐军官兵，众人强烈要求将其处死。李愬一面大力劝止部下，一面和李祐同吃同住，彻夜长谈。但是唐军仍然不服，议论纷纷。李愬只得将其械送京师，同时急报唐宪宗下诏宽恕李祐，令其在唐军候用。宪宗下诏将李祐释放送还李愬处，这样才平息了唐军官兵的怨愤。于是李愬任命他为统率三千兵将的六院兵马使，可以带刀出入军帐。李祐这才献出攻打蔡州的秘计，正中李愬的下怀。

公元817年10月16日，唐军冒着狂风大雪行军百余里，偷袭蔡州城。吴元济还在睡觉，从混乱中惊醒，急令侍卫亲兵登上牙城顽抗。李愬得到情报，淮西军大将董重侦所部1万多精兵据守洄曲，可能赶回蔡州援救。董重侦的家眷在蔡州城内。于是李愬对吴元济暂时围而不打，亲去董重侦的家中安抚，并写信由董重侦的儿子飞送其父，劝其归顺。董重侦单骑前来投降，唐军没有了后顾之忧，立刻攻下牙城，活捉吴元济。各地的几万叛军不战而降。自从吴少诚领有蔡州，历时30多年的淮西割据局面，至此宣告结束。

楚汉交兵时，项羽对刘邦亦用过『釜底抽薪』之计，却未能达到目的，白费心机。广武（古城名。故址在今河南省荥阳东北）会战，项羽想逼刘邦退兵，以太公（刘邦的父亲）为人质，置于俎（宰割牲畜用的砧板）上，对刘邦说：『如不退兵，即将你父亲烹杀。』这时，如果刘邦畏惧，就可能屈服，而项羽就取得主动。但刘邦说：『我与你同在怀王前约为兄弟，我的父亲亦即你的父亲，如其要烹，最好也分给我一杯羹。』这么一来，项羽的打算全然落空，更无所施其技。

南宋初，金大将兀术（完颜宗弼）举兵南侵，逼得宋朝迁都杭州。后在宋朝名将岳飞的猛烈反攻下，追奔逐北，逼其退回汴梁（今河南省开封）。兀术无奈运用『釜底抽薪』之计，利用秦桧把岳飞召回加以杀害，消灭了他畏惧的敌手，遂卷土重来。正如兀术准备撤离汴京时，那个劝阻他的书生所说的那样：『自古未有权臣在内而大将可以立功于外者。』这正是兀术应用『釜底抽薪』之计获得成功的缘故。只要把釜底的薪抽掉没有了热源，釜里的水也就沸腾不起来了。

宋朝的汉州（治所在今四川省广汉市）通判薛长儒，平息州兵叛乱也是采用此法。当时，数百州兵叛变，打开营门，要杀知州和监押（监察州县的地方长官），烧毁营房。知州和监押都束手无策，闭门不出，形势十分危急。面对这一严峻情势，薛长儒却不顾个人安危，挺身而出，徒步从断垣进入营中，向叛乱者动之以情，晓之以理，说：『汝等皆有父母妻子，为何做出这等事来？倘若坚持错误，其后果将不堪设想，望慎重考虑，当机立断，以免铸成大错，追悔莫及！』当叛乱士兵们尚在犹豫时，他立即高喊：『凡是不愿叛乱者，都站到另一边来！』于是，随声响应的数百人都站到另一边，只有为首的十三人迅速夺门而走，散逃到各村躲了起来，不久都被捉拿归案。人们都说：『当时要没有薛长儒，全城人都要遭劫了。』这也是运用『攻心』之术，『釜底抽薪』之计用于政治上削弱敌人士气的又一成功范例。

『釜底抽薪』与商战

在商贸竞争中，瓦解同行对手，采取『压、挤、挖』三种手段，其中『挖』就是『釜底抽薪』。或者是不与正面交锋，用迂回战术，削弱对手实力，等等。

20世纪20年代后期成立的中国飞轮制线厂，到1947年改为股份有限公司，资本总额为法币240亿元（合银圆200万元）。它当时在中国，甚至在远东也算设备最新，规模最大的制线厂。为瓦解同行对手，采取『釜底抽薪』。飞轮厂曾以高薪和优厚的待遇把别厂技术、业务上的关键人物挖到该厂来。如把荣丰厂的绣花线技术员、华成厂的副厂长挖过来，使两厂在生产、业务上遭到沉重打击。此外，为了和英商锦华线厂竞争，通过朋友关系，把该厂的华人厂长张文田拉过来，条件是每月送200元金酬劳，另送一辆小汽车代步。张文田是锦华厂长，晚间成为飞轮厂的工程师，从而使锦华的技术秘密为飞轮厂所用，甚而连英国厂长亲自保管的雷司球（用于滚磨制线机上的引线），对保证制线技术起关键作用），也从其保险柜中『飞』了出来，使飞轮牌木纱团的质量大为提高。

被誉为『景泰蓝大王』的香港繁荣集团董事长陈玉书先生，曾有这样一个惨痛的教训：当陈先生的贸易网扩展到厦门地区时，与厦门外贸局签订雄鸡牌蚊香合约。这种蚊香是畅销货，主要市场在尼日利亚等非洲国家。适有一位厦门籍港商，得知陈先生手中有兔毛、蝴蝶牌缝纫机、永久牌自行车等不少『拳头』商品，而厦门特产蚊香更是他的目标，于是便常到陈处，一『泡』就是半天。陈因情面难却，遂主动减价1/3，将合同转给他。当时陈尚无开信用证的能力，恰好他跟银行有这关系，所以陈只赚了点差额。不料这位『精明』的港商，刚做完这笔交易，就把陈先生一脚踢开，并把跟陈签的合约及信用证副本，一并作为『釜底抽薪』的依据，向厦门外贸局表示：他有条件直销尼日利亚，可以开信用证，是真正有实力的商户。外贸方面根据他提供的合约记录，就腰斩了陈先生的蚊香贸易关系。对此，陈先生说：『人心之可怕，以至于斯极，这不只是釜底抽薪，简直把我的灶都连根铲除，这个惨痛的教训，我是会永远记取的。』一切正直、诚实、文明经商的人，对这种叵测用心、鬼蜮伎俩的确不可掉以轻心，『防人之心不可无』啊！

在商场上彼此较量往往十分激烈，手段也很离奇阴险。新中国成立前，有一家银行，吸收很多存户。其老板以此自骄，盛气凌人，因而招致了银行家某甲之忌妒，设下『釜底抽薪』之计将其搞垮。某甲的做法是这样的，他不惜牺牲10多万元活动费，邀约1000多个储户，到这家银行开活期存款。不到一个星期，所有1000多存户又同时前去提款，大排长龙队。同时，在外面散播谣言，说这家银行资金发生问题。因此别的存户也发生恐慌，纷纷向银行提款。这家银行无法应付，只好宣告破产。

第二十计　浑水摸鱼

『浑水摸鱼』的本意是：趁水混浊鱼看不见东西，伸手把它捉住。比喻乘混乱之机，获取不正当的利益。运用在军事上，它是一种利用敌方混乱，乱中取胜的谋略。

使用『浑水摸鱼』之计，通常有两种情况：一种是，客观上已形成『浑水』，如军阀混战、列国争雄、内部分裂等已经造成了混乱局势，对此，只须把握时机去『摸鱼』就是了。

公元前506年，一向归附楚国的陈、蔡两国派使臣到吴国来，请求吴王派兵援助，抵御楚国。孙武给吴王分析形势，认为现在晋国已挑头伐楚，十八国（包括一些楚附属国）先后响应，虽因天时不利、人心不齐而中途罢兵，但这说明楚已成众矢之的；同时，楚连年穷兵黩武，极度疲惫，北部边防薄弱，我们借救蔡之名而战，实为天赐良机，不可错过。吴王采纳了孙武的意见，并拜孙武为大将，率兵6万，于同年冬，采取迂回奇袭的战术，一举击败楚国，收到了『浑水摸鱼』之效。同样，刘备之得荆州、取西川，亦属此类。

另一种则是，客观情势还是『清水』时，就需要设法把水搅浑，然后再去『摸鱼』。

曹操在『官渡之战』中，就出色地运用了这种『浑水摸鱼』的策略。曹操去乌巢劫粮，先令骑兵化装成袁军，打着旗号，乘黑夜偷越袁军防线，遇到袁军哨兵，就佯称增援后方，从而蒙混过关，抵达乌巢，突然纵火烧粮。火光中，袁军不辨真伪，顿时大乱。曹操乘机挥师猛攻，烧毁粮草，斩杀守军，一举夺得『官渡之战』的主动权。这次奇袭，以假乱真，可算是典型的『浑水摸鱼』。

《三国演义》晋将周旨智夺乐乡一仗，运用此计尤为精妙。晋国镇南大将杜预，命牙将周旨『引水手八百人，乘小舟暗渡长江，夜袭乐乡』。周旨渡江后，便率队『伏于巴山』。次日，吴军先锋孙歆和杜预在长江交战时，被打得大败，仓皇撤回城里。周旨乘机率伏兵杂于败军之中，混入城内，然后『就城上举火』。守城吴军顿时大乱，刚吃败仗的孙歆对此突然变故不知所措，惊呼：『北来诸军乃飞渡江也？』当其尚未反应过来时，便『被周旨大喝一声，斩于马下』。晋军就这样轻易地夺取了乐乡城。

『浑水摸鱼』是兵家熟知常用之策。《兵法圆机·混》中所列举的冯异变服乱赤眉、吕蒙白衣袭荆州、王皎明服捣吐蕃、岳飞黑夜入金营、曹孟德掳袁绍衣甲破淳于琼等都是运用此计的战例。

用『小分队』插入敌方腹地，制造混乱，或潜伏待机，配合大部队战略行动，在现代战争中也不少见。如1973年10月的第四次中东战争，以色列突击部队进行反击战，就曾用『以假乱真』的办法混过运河，在西岸潜伏，配合后续部队建立桥头堡，从而改变了整个战局态势。

『浑水摸鱼』与日常工作和生活

西汉末年，王郎冒充汉成帝之子，在邯郸称帝。他悬赏捉拿当时任刘玄更始政权大司马，正在河北蓟县等地视察的刘秀（东汉光武帝，公元25—28年在位）。刘秀被困在蓟县城中，率领部属连夜突围而出。刘秀怕骑马逃跑目标容易暴露，便让部属把马赶到森林里藏起来，然后把鞋后跟调向前，鞋尖向后绑在脚上。这样分明是向西走，而从脚印看来却变成向东走了。刘秀施展『浑水摸鱼』之手段就这样逃脱了王郎方面的追捕。

明武宗正德年间，御史戴铣等因上疏论刘瑾罪状被逮系诏狱。王守仁多次上书辩解说情，也遭到刘瑾的打击，廷杖四十，并将其贬为贵州龙场驿丞。王守仁被贬后，刘瑾还不解气，派人埋伏在王守仁赴职途中欲加以杀害。王守仁行至钱塘，意识到刘瑾必不会放过自己，便乘黑夜佯装投江，将鞋帽抛在江面上，并作遗诗一首。许多人都以为王守仁已离开了人间，其实王守仁逃到武夷山，隐姓埋名，躲避了一段时间。后因怕连累老父，才到龙场驿赴职。王守仁制造投江自杀假象，『浑水摸鱼』，从而使刘瑾的暗算终于未能得逞。

『浑水摸鱼』与政治

公元前240年，秦孝公派商鞅攻伐魏国。魏国公子印率军迎击。商鞅给公子印送信说：『我从前与你交情很深，如今都为两国将军，我不忍相攻，想和你相见，当面订立盟约，然后各自收兵。』公子印信以为真，高高兴兴前来赴会。不料商鞅设下伏兵，将其活捉。

把『浑水摸鱼』之计运用到经商中可引申为：善于『摸』势而行。『水』就是商场，『鱼』就是商道。

『浑水摸鱼』与商战

从而齐桓公“九合诸侯”，取得春秋时第一个霸主的地位。

周天子的使者。使者表示周天子对齐桓公的信任。于是，齐桓公遂同各国诸侯订立盟约，史称“葵丘会盟”。

了报答齐桓公，赐以祭祀太庙的祭肉。齐桓公趁机在宋国的葵丘（河南省兰考东）召集各国诸侯，并款待

后来，周王室发生内乱，齐桓公又帮周襄王（姬郑，公元前651—前618年在位）平定了内乱。周襄王为

原八国和楚国在召陵订立盟约，齐桓公进一步提高了威望。

大军直达召陵（今河南省郾城县东）。楚成王承认自己的过错，表示今后要继续向周天子进贡。于是，中

联合宋、鲁、陈、卫、郑、曹、许七个小国的军队，打着『尊王攘夷』、维护周天子尊严的旗号，征讨楚国。

这时，南方的楚国日渐强大，楚成王不再向周天子进贡。公元前656年，齐桓公利用楚国孤立的弱点，

修缮加固城墙。齐桓公之威望从而大为提高。

不久，卫国遭到狄人的侵略，无可奈何，遂派使者到齐国求救兵。齐桓公亲率大军战败狄人，还帮助卫国

这时，北方的燕国受到山戎的侵犯，无力抵抗，派使者到齐国求救。齐桓公亲率大军到燕国打败山戎。

春秋时期，齐桓公在大政治家管仲的辅佐下，国力日渐强盛起来。

邑迁至大梁。

接着，商鞅命令秦军乘机发起进攻，大败魏军。魏惠王割黄河以西的土地与秦议和，并且将国都从安

商家要具有敏锐的眼光，才能洞察潜藏的各种商机，从而做到先人一步获得成就。

在20世纪初，中日两国都是主要产蚕丝的国家。日本的丝商在我国一些大城市开设商行，开办丝厂。他们十分注意搜集有关情报，有的商行并借此在我国和外国市场上制造混乱。如新绸上市前，国际丝价尚无动静，而日本三井洋行却故意将每包价抬高几十两银子，分别向丝商小额收进生丝，做开市面。华商不知就里，纷纷向产地加价争购，造成哄抬现象。此时，三井便乘机打电报到国外报涨，高价抛空。等到新绸大量涌向市场时，他们又压低市价，一面牟取暴利，一面打击华商。华商由于进价高，无法与之竞争。这种情况特别在市场呆滞或剧烈变动时，倾轧尤其厉害。

日本明治初期，一度发生经济大恐慌，物价飞涨，商品滞销，商店倒的倒，关的关，生意人大都愁眉难展，摇头叹息。唯独伊势丹百货店老板小管丹治认为，这是施展『浑水摸鱼』之计赚钱的绝好时机。于是，他趁机大量低价购进倒闭商店的商品，再印刷数十万张商品名称和价钱的宣传单：『空前绝后的大拍卖。我们供应您世界上最便宜的您所需要的东西。商品一定比别家商店便宜五成，敬请不要失去这千载难逢的良机。伊势丹百货店敬启。』并用够气派的民航机把这五彩缤纷的宣传单空投下来。结果，这颗『纸炸弹』大显神威。顾客如潮水般地来店抢购，连日爆满。他首次在日本使用飞机搞宣传的高招，捞了一笔大钱，成为明治初期的首富。

开放之初，我有关方面在和外商打交道时，缺乏警惕，疏于防范，上当受骗已非仅见。如香港有个『大江南北观光有限公司』，是负责组办到国内各地旅游业务的。该公司成立后，先后与我民航、旅行社等20多个单位建立了业务联系，经常包租民航香港办事处的飞机。该公司董事长廖翠兰采取拖欠、欺骗等手法，前后骗得我17个单位的70余万元（外汇券）。其中一次，利用春节期间香港银行休假，我方无法查证支票是否有效之机，借此『浑水摸鱼』，给我方送空头支票，骗得我五架客机往返接运旅客。仅此一次就骗走我民航、各地中国旅行社9个单位40余万元。

第二十一计　金蝉脱壳

『金蝉脱壳』一语在元曲中常见。如《朱砂担》第一折有：『兄弟，与你一搭儿买卖呀，他们倒做个金蝉脱壳计去了也，打你这弟子孩儿，你怎么放了他去。』关汉卿的《谢天香》第二折也有：『便使尽些伎俩，千愁断我肚肠，觅不得个脱壳金蝉这一个谎。』《西游记》第二十回中，黄风大王的前锋用虎皮盖卧虎石做替身跑了，八戒不识，行者说：『这叫作金蝉脱壳计；他将虎皮盖在此地，他却走了。』此语比喻用计脱身而不使对方及时发现。在军事上，它是摆脱强敌，完成转移或撤退任务的分身法，是暗抽主力，袭击他处敌军的一种奇谋。

运用『金蝉脱壳』之计，关键是善于『脱』。这种『脱』，不是仓皇逃跑，而是内容虽变其形式犹存，走而示之不走，以稳住敌人，悄然脱身。

1206年，南宋将领毕再遇率军抵御金兵，由于寡不敌众，决定撤走。但因平日他总让士兵在营中击鼓，以震慑敌人，又给自己部队壮胆。而撤退时，倘营中鼓声顿停，势必被敌发觉。为此，毕再遇妙用『金蝉脱壳』之计，走时，仍在阵地遍插旗帜，并命令士兵弄来许多羊和鼓，把羊倒悬起来，将其蹄抵鼓面。羊被吊难受，尽力挣扎，双蹄乱击，鼓声不绝。金兵见旗鼓依然，认为宋军仍严守阵地，数天未敢妄动。待其发觉时，宋军早已安然远撤。

『金蝉脱壳』的实质，都是以诈术迷惑敌人，掩护其真实的行动意图。『脱壳』的方法，则是按照客观需要而灵活多样。有毕再遇的『悬羊击鼓』；也有诸葛亮的『西城弄险（空城计）』、曹孟德的『割须弃袍』；还有后梁刘寻的『借驴撤军』——公元915年，后梁将领刘寻得知后晋把重兵集结于魏州，而晋阳城（今山西省太原市）空虚，决定先袭晋阳。但此时刘祁驻扎在恒水（今河北省大名县西），倘公开率部奔晋阳，必遭晋军阻击。梁军驻地城墙上有许多堞（齿形的矮墙），平时卫兵常扛旗沿堞来回走动，以观察敌情，保卫城中安全。为了迷惑敌人，刘寻命士兵将毛驴牵到堞上，驴背上绑着肩插旗帜的草人，并训练毛驴像卫兵般地来回走动，执行『巡逻』任务。这样，使晋军以为毛驴是卫兵。一切就绪，刘寻立即带领人马悄悄地撤出恒水，迅速向晋阳进发。待晋军得知真情时，刘寻部队早已走远，追悔莫及。这是进攻中的战略转移。也有为了顺利撤军用『欲退反进』的手法来迷惑对手的。

『金蝉脱壳』与日常工作和生活

1941年5月，新上任的日寇华北派遣军总司令冈村宁次，集中了5个师团、6个混成旅团和一部分伪军，约7万人，对北岳区进行大规模空前大扫荡。冈村宁次的第一个『锦囊妙计』是采取所谓『分进合击』的办法，妄图将我军歼灭于长城西侧。一向料敌如神的晋察冀军区司令员聂荣臻巧妙地指挥部队转移，让敌人到处扑空。

敌人一计不成，又生一计，决定对我北岳区实行『分区扫荡』，妄图将军区机关和主力部队逐步吃掉。

聂司令员决定『投其所好』，诱敌分兵。他让军区机关先拖住敌人，另派主力部队跳到外线，这样内外夹击的结果，敌人伤亡惨重。

感到连连失败的冈村宁次，不得不拿出看家本领。他一方面暗暗在沙河以南一线设下层层包围圈，封锁大大小小的道路；另一方面又虚张声势，搞什么『伪装撤退』等阴谋，企图迷惑我军。殊不知聂司令员洞若观火，早已成竹在胸，制定『金蝉脱壳』之计。8月下旬，聂司令员选择敌人合击圈形成而又未合拢的时机，率领军区机关，在敌人的眼皮底下自由地穿梭，先由娘子关穿马驹石，后又『三进三出，军出常家渠』，不早不迟，跳出了冈村宁次精心设计的层层封锁。

『金蝉脱壳』与政治

唐末淮南大将张颢和徐温商量谋杀其节度使杨渥。徐温认为：『要是用咱俩分别掌握的左右牙的军队，必定行动不统一，不如单独用我的右牙军队。』张颢不同意。徐温又说：『那么，单独用您的左牙军队吧？』张颢遂十分高兴地同意了。事情败露之后，一追查逆党，都是张颢所统率左牙军队中的人。因此，别人以为徐温确实不曾参与此事。徐温就用『金蝉脱壳』之计得脱厄运。

『金蝉脱壳』与商战

商业竞争中运用此计，就是避实就虚。如善于从一个地方『脱』到另一地方，进可击败对手，退可保存自己，使自己进退自如，立于不败之地。此外，还须提高警惕，防止不法分子用『金蝉脱壳』之计骗取财物。

某地的一个副食商场，在1989年11月26日下午，被人骗走价值1800多元的22条中华牌香烟。这天下午，先有三名男青年来买烟。售货员拿给他们后，其中一人拿出一捆钱准备付款，另一人将烟装入一长方形带有『中国制造』字样的黄色人造革箱内。这时又一男青年来到柜台，紧接这三人对售货员说：『请给我拿一盒烟。』就在售货员转身拿烟时，他与先来的男青年互换了箱子，随后接过烟，付了钱，大摇大摆地走了。先前数着钱准备付款的男青年对售货员说：『我带的钱不够，这箱子和烟暂存一下，我4点来取。』售货员把箱子放在柜台下。不料，买烟存箱子的人却『黄鹤一去不复返』，5天过去仍不见来取烟。几名售货员开箱一看，个个目瞪口呆：香烟竟变成砖头和硬纸板。这时才知自己警惕性不高，上了人家『金蝉脱壳』骗术的当了！

第二十二计　关门捉贼

『关门捉贼』的原来意思是：当窃贼进家盗取财物时，必须关起门来把他捉住。用于军事，和『欲擒故纵』相反，它是对弱小敌人采取四面包围，一举全歼的谋略。《兵法圆机·发》中就有这样的论述：『制人于危难，扼人于深绝，诱人于伏内。张机设井，必度其不可脱而后发。盖早发则敌逸，犹迟发失时。故善兵者制人于无所逸。』其意思是要把握时机，聚而歼之，不使敌人漏网。

『关门捉贼』的『贼』，在古代多指那些行踪诡诈，突然来袭的小股敌人。其特点：一是行动灵活，出没无常；二是为数虽少，能量颇大，追之易遁，驻则相扰，甚而击我不备。《吴子》有云：『一人投命（拼命），足惧万夫。』这是因其易于脱逃，倘穷追不舍，既可能狗急跳墙，反咬一口；也可能正中其诱敌之计，吃亏上当。孙子的『穷寇勿迫』就是指的对于这种敌人，如过于逼迫不但难达歼灭目的，反有遭其暗算的可能。因此，『捉贼』必须讲究斗争艺术，谨慎行事，要先断其退路，再聚而歼之。

『关门捉贼』围歼敌人之策，不仅限于『小敌』，在掌握战争主动权的前提下，也可以设法歼敌主力。其战术常用伏击战，也叫『口袋战』。即通过在预定的战场上，四面埋伏，布设『口袋』，『请君入瓮』，置敌于被动不利的境地。伏击战又可分待伏和诱伏两种形式。待伏，是获取敌军行动的时间、兵力和必经路线的情报后，预设伏兵，待机歼敌。诱伏则是将我主力设伏于有利地区，再以少量兵力，巧妙地引诱敌人钻进我布设的『口袋』予以歼灭或采取佯攻某地，引诱他处之敌驰援而伏击之。

秦赵长平之战就是历史上著名的此类战例。在长平决战时，秦将白起针对赵括鲁莽轻敌的特点，采取后退诱敌，包围全歼的作战方针。先以一支人马诱敌，待赵军出击后，即向预设的壁垒撤退，赖以阻止赵军；随后以骑兵一部插入赵军，将其截为两段；而后再用主力从两翼包抄赵军主力，使其完全陷入被包围的境地。为保证全歼赵军，秦将白起又采取长困久围、待其饥疲而后歼灭的作战方针，秦王亲自动员后备力量，切断赵国粮道。赵军被围40余天后，饥困难熬，自相杀食，几次突围均告失败，赵括亦中箭身亡，40余万赵军全被坑杀，酿成长平之战的历史悲剧。

诸葛亮火烧藤甲军一役，其诱敌入『袋』之法运用得更加高妙。孟获与蜀军多次交手，从屡遭失败中看出孔明巧于伏击，因此在战前特别提醒藤甲军主将兀突骨：『诸葛亮多有巧计，只是埋伏。今后交战，吩咐三军，但见山谷之中，林木多处，不可轻进。』诸葛亮高明之处在于针对敌人首领对自己平时用计谋了解的情况，一反自己以往一贯拿手之计谋，半月内，令魏延连败『十五阵』，丢『七个营寨』，使藤甲军更加骄傲，连孟获也得意忘形，认为『诸葛亮已是计穷』，只此一进，便『大事定矣』。更妙的是，诸葛亮这次作战设伏，恰恰与过去相反，故意示形于密林深处，却在光秃秃的山谷中暗设伏兵。兀突骨在追击魏延中，『望见山上并无草木』，便『料无埋伏，放心追杀』，不知不觉地被对手引进了伏击圈——盘蛇谷。『只见山上两边乱丢火把，火把到处，地中药线皆着，就地飞起铁炮。满谷中火光乱舞，但逢藤甲，无有不着』，使3万藤甲军全部葬身火海。

在解放战争中，我军转入战略进攻以后曾多次巧妙地运用『关门捉贼』的谋略。1947年6月底，我刘邓大军巧渡黄河，进入鲁西南。根据战役计划，先在郓城、定海消灭敌军三个旅后，立刻挥师以四个纵队包围了六营集、独山集和羊山集三个师的国民党军队。7月14日，我第一、第六两个纵队把两个师的敌军包围在仅有200户居民的六营集。为不使其狗急跳墙，我军有意将第一纵队撤至六营集以东一带开阔地，布成『口袋』等待敌军。同时，网开一面，虚留『生路』，故意让敌人向我『空虚』方面突围。第六纵队按预定计划发起三面攻击（西面为主），敌军果然仓皇夺路向东逃窜，企图靠拢济宁之敌。结果，两个师都钻进了『口袋』，被我全部歼灭。我军在大兵团作战中，特别是1948年9月至1949年1月发动的淮海、辽沈、平津三大战役，我军运用『关门捉贼』的谋略更为巧妙。

用伏击战『关门捉贼』，在现代和未来的作战中，还将会广泛运用。但对敌实行围歼，必须认真领会孙子『十则围之，五则攻之』的思想，一定要集中优势兵力，否则难于达到预期的目的。优势也不单在人数上，还须将指挥能力、武器装备、部队战斗力以及天时、地利等条件加上，综合权衡，要对具体情况做出具体分析，依据客观情势，灵活加以运用。

这里值得注意的是，在两军作战中，对敌方灵活机动的『小分队』，万万不可粗心大意，丧失警惕，穷追猛打。否则，易中诱敌之计，钻进其预设的『口袋』，待觉察时则已铸成大错，追悔莫及。古代和现代有的弱国，在其抗击强敌的战争中，用诱敌深入，以退为进，等待时机，聚而歼之的战略，同强敌巧为周旋，最终转败为胜。而骄纵轻敌、恃强凌弱的侵略者，只落得『无可奈何花落去』的失败结局的并非仅见。

『关门捉贼』与日常工作和生活

中国银行某地分行的行长，背着上级领导和分行的其他领导人，私自将57万美元调到香港。经人举报，发现这笔钱去向不明，既无贷款协议，又无买卖合同，更无借据凭证。为了弄清情况，领导遂责令他予以解释。他支支吾吾，一会儿说款由别人借去，一会儿又说自己也不知道是怎么回事。上级有关部门认为其中肯定有问题，当即决定对这位行长拘留审查，以防其与别人串通或本人逃匿。

这位行长因此恼羞成怒，认为在事实未弄清楚之前，就对其进行拘留审查是非法的，所以不断地进行上诉。后来上级法院反驳说：『如果这笔钱装入你的腰包，则属于贪污；如果私自借给别人，则属于挪用公款；如果这笔钱被别人骗走，则属于渎职。以上三者，有其中一项，均构成犯罪，所以拘留审查是必要的。』

这位行长理屈词穷，只得老实地交代自己转移现金、准备卷款外逃的犯罪事实，终于受到应有的惩罚。

在这个案例中，两处使用『关门捉贼』之计。第一处是在发现这位行长有严重经济问题时，立即将其拘留审查，这样就防止了他与别人串通或狗急跳墙，逃往国外的可能，这是物质上『关门捉贼』，断其退路，使其无从逃逸的策略；第二处是对这位行长的驳斥，所使用的是逻辑推理的方式，使他无理可据，无情可原，无一点空子可钻，这是精神上心理上『关门捉贼』的策略。

在美国西部一城镇，有由12个农民组成的陪审团。根据当时该地区的法律，陪审团有权判决案例的当事人有罪或是无罪，但是必须在12个人的意见完全一致时才有效，即使其中有一人不同意，该陪审团就不能做出最后的判决。一次审理中，11人认为当事人有罪，仅有一人认为无罪。11人只好耐心地劝导这一人，让其跟大家意见取得一致，但这人硬是不肯改变主意。从早晨一直到中午，突然天上布满乌云，还刮起呼呼的大风，眼见一场骤雨来临，但谷物都晒在院子里，如果不立即收回，一年的收获就全部损失，但是陪审团不做出最后的判决又不能散去。为此，这11人甚为焦虑。在这种情况下，这人的态度更加坚决，十分镇定地对大家说：『反正就要下雨了，你们不同意我的意见，咱们谁也别想回家。』这时其中一人实在忍耐不住，便大声嚷着：『你不改变主意，我改变主意好了！』其余的人全急着要回家收拾自己的谷物，故纷纷同意了这一人的意见，于是最后判决当事人无罪。

坚持当事人无罪的人，利用其余11人急于赶在下雨之前收晒在院子里的谷物的急迫心情，把最后限定的时间作为心理上的『门』紧紧地『关』起来，迫使他们就范，最后获得成功。这个人借用的不是『地利』，而是『天时』，所采用的手段是『抓住时机』既而擒之。

『关门捉贼』与政治

公元前121年，西汉骠骑将军霍去病率兵向匈奴发动了恢复河西的战役。在张骞、李广部队的策应下，霍去病命公孙敖率兵一部，从正面进攻匈奴，以吸引敌人的注意。他自己率主力骑兵，采取大迂回的行动，骑兵深入敌后2000多里，把匈奴兵包围在祁连山与合黎山之间的黑河流域一带。匈奴人完全没想到汉军竟然出现在他们的大后方，军队大乱，汉军在大包围中，斩杀敌人3万余，俘虏王子、相国将军、都尉百余人，单桓王、酋涂王等2500人投降。这一仗，创造了我国骑兵集团远程奔袭，打歼灭战的战例。

公元前119年春，汉武帝命大将军卫青率5000骑兵为左翼，深入蒙古大漠1000里，骠骑将军霍去病率5万骑兵为右翼，深入蒙古大漠2000里，对匈奴完成战略大包围。卫青的汉军斩匈奴1.9万多人，大军直至窦颜山赵信城（今蒙古杭爱山南乌拉特旗）。霍去病的汉军在大包围圈中来往奔杀，俘匈奴屯头王、韩王、将军、相国以下共7万余人，大军直抵狼居胥山（今蒙古乌兰巴托东），从此，匈奴向北远迁，漠南无王庭。

秦末，刘邦攻入咸阳，受降秦王子婴，项羽的大军随之亦到达咸阳，驻扎在新丰。这是决定谁为王关中的关键时刻，项羽的军师范增说：『刘邦是心腹之患，今日不杀，将来必后患无穷。』于是设下『关门捉贼』之计，邀请刘邦到鸿门（今陕西省临潼区东）宴会。刘邦明知此行危险，但自己力量薄弱，非项羽对手，乃勉强与张良等赴会。当时，刘邦的性命全攥在项羽手里，项羽本可于席间一剑刺死刘邦，但他见刘邦一副可怜相，加之张良的花言巧语说得他不忍下手，刘邦得以乘机设计脱险，逃回霸上自己军中。此后，项羽被刘邦逼得自刎乌江。

此计应用不当，则易反受其害。

三国时，刘备向孙权借了荆州而不肯归还。乘刘备丧妻之机会，东吴都督周瑜定下『关门捉贼』之计。上书孙权，请将孙权的妹妹许配给刘备，请刘备过江入赘，将备软禁。刘备本不敢去，孔明从旁加以怂恿，并定下三条『锦囊妙计』，由赵子龙护驾前往。赵子龙一到东吴，先使出『打草惊蛇』之计，继而又用『移花接木』之策，刘备便偷跑回了荆州。周瑜不但『关门捉贼』之计破产，还落个『周郎妙计安天下，赔了夫人又折兵』的笑柄。

『关门捉贼』与商战

在商业竞争中，此计可引申为将竞争对方或消费者围于自己精心设计的『口袋』中，通过一系列的经营谋略或经营方式的实施吸引之，使其再无他路可走，从而实现自己获利的目的。

日本樋口后夫很多年前在大阪市开了一个小药局，日销售额约1000日元，当时连吃稀饭都有问题。有一天，他读着一本军事历史书。书中使他得到教训：当时日军进攻的据点，腹背受敌，有被包围消灭的危险。他想：一个小店，如果和几家店密切联系，以三角形或四角形，就是采用包围体，把消费者包围起来，使别的药商无法围攻，以控制较大的生意面，连在里面的别的药局也受包围，即使不能消灭它也能压倒它。这跟下围棋一样，孤子很弱，而几颗棋子连起来就有力量，再多几颗就结成无比坚固的地盘。于是，他决心以现有小店为『据点』（起点），全力攻下大阪府，作为扩展的棋盘，然后再向全国进攻。大计订好，他格外努力经营，赚了些钱，便开始收买或租赁能互相支援的小店，改成药局。大阪市的药局众老板，见他热衷于改小店感到可笑，而樋口却越来越起劲。不久，他拥有了几家小店，由于彼此呼应，同心协力，『三角商法』逐渐发挥出令人惊异的威力，被这些小店包围的地区，便成为被他控制的基地。就这样，他运用『三角商法』，几十年来他的连锁店，像雨后春笋般地在日本各地出现，造成了规模宏大的连锁组织，真可谓『生意兴隆通四海，财源茂盛达三江』了。他还雄心勃勃地要把连锁店增至1000家；药品进价要厂家符合他的希望，由他掌握价格控制权。樋口的『雄心』能否实现尚难逆料，其『三角商法』对我们却不无启迪。

第二十三计　远交近攻

『远交近攻』语出《战国策·秦策三》：范雎听到秦相魏冉主张越过韩、魏去伐齐，便向秦王建议：『灭六国，统一天下，王不如远交而近攻，得寸则王之寸，得尺则王之尺也。今舍此而远攻，不亦谬乎？』又《读史方舆纪要》卷一也有：『秦用范雎远交近攻之策，先灭韩、次灭赵、次灭魏、次灭楚、次灭燕、并灭代，乃灭齐。』但作为一种谋略，在此二百年前，郑庄公为争霸诸侯，联合齐、鲁，夹击宋、卫，已见运用。它是一种分化或防止敌方联盟，以利各个击破的外交策略。

《孙子·谋攻篇》有『上兵伐谋，其次伐交，其次伐兵，其下攻城』的论述，由此可见：『伐交』除『伐谋』，比之『伐兵』『攻城』更为重要。而『伐谋』与『伐交』相辅相成，不可分割。军事外交活动本身即包含着许多谋略斗争。在《十一家注孙子》中，李筌引苏秦说服六国，以『合纵』战略抗击秦国的历史事实，杜牧则用张仪献计秦国，以『连横』战略瓦解六国联盟的历史事实来解释『伐交』。凡用计分化敌人的联盟，促进自己阵营的联合，都属于『伐交』范围。因此，『远交近攻』这种手段，在封建割据的兼并战争中，特别是春秋战国时期，苏秦、张仪、范雎等游说之士，不遗余力地积极鼓吹和具体策划，纵横捭阖，屡见运用。

这里所说的『远交』，并非是长久和好，而是适应斗争形势需要的权宜之计，是避免树敌过多而采取的外交诱骗手段，目的在于孤立近邻，『分而治之』，实现其扩张野心。一旦『近攻』得逞，『远交』之『故友』，立即变为『新敌』，就会借机反目，兵戎相见，直至将对手置之死地而后已。

第二次世界大战中法西斯德国施行『远交近攻』之计，屡屡得手。当时，希特勒妄图吞并欧洲，进而称霸世界，却担心欧洲各国联合起来对付自己。于是，他便利用西方盟国的绥靖政策，开展一系列的政治诱骗的『伐交』活动，甚至与东方的苏联，也签订了『友好』的《苏德互不侵犯条约》。直到他入侵波兰前夕，即1939年8月31日，还像煞有介事地通过墨索里尼同英法两国搞外交活动。而9月1日，法西斯德国便突然向波兰发动『闪电战』。不久，希特勒了解到西方盟国不会援波之后，便肆无忌惮地向波兰大举增兵。随着波兰的沦陷，希特勒继续挥师西进，先后攻占了丹麦、挪威、荷兰、比利时和卢森堡，并绕道攻入法国，直抵英吉利海峡。其后，又将魔爪伸向东方，悍然撕毁《苏德互不侵犯条约》，向苏联突然发动大规模袭击，占领了苏联大量国土，一度兵临莫斯科城下。德国法西斯这一罪恶行径，给欧洲和苏联人民带来了巨大的灾难，留下了惨痛的教训。

今天，透过霸权主义者的『全球战略』和武装入侵别国的行径，仍可看到一些『远交近攻』的用心和伎俩。了解和研究这些历史战例，对于识破当今侵略者的阴谋是很有裨益的。

『远交近攻』与日常工作和生活

清初于成龙任黄州同知，有张姓强盗闻名于湖北全省，甚至有差役去投靠。于成龙决定亲自将其捉拿归案，但恐怕证据不足，难以定罪，就化名杨二，往其家当仆役，不久竟成为张某的心腹。

于成龙完全掌握了张某同伙的姓名、藏匿赃物的箱柜及机密暗语等，便逃出张家，召集捕快，直奔张家大院。张某见仆役「杨二」竟是同知大人，忙伏地求饶。于成龙取出几十个大的案件卷宗扔到他面前，说：「你把这些案破了，足可赎罪。」不久，所有强盗全部捕获，而张姓强盗也得到从宽处理。

「远交近攻」与政治

成吉思汗（铁木真）统一蒙古后，其东边和东南相邻的是金；其西南相邻的是西夏；远隔金是南宋。对蒙古汗国威胁最大的就是金国。成吉思汗采取「远交近攻」的战略，他以武力胁迫西夏与蒙古议和，暂时消除西夏的威胁；同时派人联系与南宋友好，并愿与南宋联合攻金。南宋虽然迫于金的直接威胁没有联蒙打金，但对蒙进攻金采取了中立的态度。成吉思汗率军大举攻金，金军连连败退，只好迁都开封。

成吉思汗基本上解除了金的威胁后，回手进攻西夏，1229年6月，夏主李目见投降，夏亡。

1229年7月，成吉思汗病死。成吉思汗的第三个儿子窝阔台继大汗位（元太宗），亦采取「远交近攻」的战略。窝阔台正式派使者联系南宋，与之联合南北夹击金国。1231年攻克开封。金哀宗逃到蔡州（今河南省汝南县）。8月，窝阔台派使者约南宋合攻蔡州。10月，蒙、宋军会师，合围蔡州。这一年，窝阔台表示对宋朝的友好，还修孔庙。1223年正月，金哀宗自缢而死，蔡州城随即被攻破，金灭亡。第二年6月，蒙古兵便大举进攻南京。1271年成吉思汗的孙子忽必烈（元世祖）迁都大都（北京），改国号为元。1279年，元军攻占厓山（今广东省新会南），宋大臣陆秀夫背着小皇帝赵昺跳海自杀，南宋灭亡，元遂统一了中国。

『远交近攻』与商战

在商战中，此计引申为：开拓邻近的市场或与近处的对手竞争，有利因素多；开拓相隔较远的市场或与远处的对手竞争，不利因素多。为了使形势对自己有利，对远处的对手，可以适当联合，达到共同利益。

我国大企业家刘鸿生，在20世纪初与外商开展的水泥战中，也运用过『远交近攻』的策略。1920年，刘鸿生邀集几位朋友，在上海创立『上海水泥公司』，生产象牌水泥，一投产，很快就打开了销路。但时隔不久，便遇到唐山启新水泥厂的马牌水泥和日本小野田在大连生产的龙牌水泥的激烈竞争，『三足鼎立』，各不相让，彼此降价竞销，致使上海水泥公司陷入困境。为了扭转这一不利局势，刘鸿生在竞争中采取了『联华制夷』的手段，与启新厂签订联营合同，达成分区销售、稳定价格的协定，使象牌水泥占据上海及华南市场。自此，象牌水泥迅速扭亏为盈，次年即盈利12万元。